親鸞思想の再発見

現代人の仏教体験のために

田代俊孝

法藏館

はじめに

私は、真宗学を専門として学んできたが、その学際化の方向の一つとして、医療との関わりを志向してきた。そして、長らくビハーラ（仏教ホスピス）や生命倫理などにも現場で関わってきた。そんなときに、医療の側のみならず周囲からいつも、「仏教を利用して安らぎや癒しを得るというのは、患者のためになるし、面白い」といわれた。エール（声援）を送るつもりでいってくださっているのであろうと、表面的には好意的に受け止める反面、私はいつもこの言葉に違和感を感じ、反発していた。

仏教は、利用するものではない。仏教は、自ら体験するものである。体験すれば結果的に安らげるし、癒されることにもなる。何かのために仏教を利用しようとすれば、仏教が仏教でなくなってしまう。求めたい物に心が奪われて、永遠に心が縛られていく。欲望の虜になっている自分は、少しも変わらず苦しみ続けることになる。科学の眼で仏教を見て、対象化するとそうなるのである。摑もうとすればするほど、それは遠くへ行ってしまう。

仏教は、聞くものである。一人よがりの価値観に捉われて、思い通りにならないと苦しんでいる自分が、その事実を見つめたとき、物差しに捉われて凝り固まっている自分の姿が見えてくる。そして、その価値観が砕かれる。

そういう自分に気づかせてくれるはたらきを、「法」といい、「智慧」と呼ぶ。法とは、真実である。価値観が砕かれると、ありのままが受け容れられるようになる。自己が肯定され、本来的な自己に出遇える。対象を変えて救われるのではなく、自己が変わることによって苦が苦でなくなるという救いである。苦の原因は、外にあるのではなく、私の内にある。対象を変えて救われるのではなく、自身が変わることによって救われるのである。それを仏教では、「回心」という。回心とは体験である。智慧に目覚めること、法に自己を聞くことが救いの道なのである。

本書は、そのような回心を勧めた書である。阿闍世の仏教体験に自身をオーバーラップさせ、聖道から浄土への「かわりめ」を体験していただきたい。きっとあなたにも、ブータンの国民が感じているような幸せがやってくるでしょう。

二〇一六年六月三日

著　者

親鸞思想の再発見――現代人の仏教体験のために――＊目次

凡　例

一、引用文献、および本文の漢字は、常用体のあるものは、常用体を使用した。

一、引用文献は、以下のように略記する。

『真宗聖典』（東本願寺出版部刊）……………「聖典」

『真宗聖教全書』……………………………「真聖全」

親鸞思想の再発見——現代人の仏教体験のために

Ⅰ　他力信心の仏教体験

一、慚愧によって、如来の心と一つになる

一　悪人の救いを説く浄土教

◆悪人の代表としての阿闍世

浄土教は、どのような悪人であっても平等に救われる道を開いたのですが、それがどのようにして成り立つのか、そのことを悪人の代表であるといわれる阿闍世《あじゃせ》の仏教体験による救いということを通して、お話ししたいと思います。

阿闍世という名前を、聞かれたことはあるでしょうか。『観無量寿経』や『大般涅槃経』に出てくる人物です。阿闍世はまさに「悪人」の代表とされています。このようにいうと、なんだか他人事のように思われるかもしれませんが、悪人とはいったい誰のことなのか。そのことをよく考えながら、親鸞聖人の言葉を見てみたいと思います。

親鸞聖人は、『教行信証』「信巻」の後半に、「難治《なんじ》の機」（聖典二五一頁以下）について説かれています。難治とは、治療し難いこと。機は、仏法を受けとめる器です。その難治、つまり

治し難い病気として、三つの病を挙げておられます。一つ目は、「謗大乗《ほうだいじょう》」で、仏法を謗ること。仏教なんか駄目だよ、あんなので救われるわけがないといって、仏説を謗ることです。二つ目は、「五逆罪」で、父を殺す、母を殺す、阿羅漢を殺す、仏身を傷つけて出血させる、教団を破壊するといった、五つの大罪を犯した人です。三つ目は、「一闡提《いっせんだい》」で、仏になる資質のない人です。この難治の三病をすべて持っている悪人の代表として、阿闍世が説かれています。その悪人の代表である阿闍世が、どのようにして救われていくのかということを、親鸞聖人が「信巻」で説かれているのです。

結論から先にいいますと、難治の三病をすべて持っている悪人とは、この私自身のことなのです。ですから、この私がいかに救われるのかを、親鸞聖人はこの阿闍世《あじゃせ》に重ね合わせて説いておられるわけです。

◆生まれる前の怨みを抱いて

まず、阿闍世がどういう人だったかを紹介します。インドの王舎城に、頻婆娑羅《びんばしゃら》王という王さまがいました。お后は韋提希夫人《いだいけぶにん》。二人の間には、まだ子どもがいませんでした。『観無量寿経』によりますと、ある仙人が亡くなったら生まれ変わって身ごもるだろうという予言がありました。ところがその仙人がなかなか死なないものだから、王が人を遣ってその仙人を殺害したところ、まもなくお后の韋提希夫人が身ごもります。生まれるときが近づくと、また予言があって、殺害した仙人が生まれ変わったのだから、生まれてくる子は恨みを抱いているだろうという。頻婆娑羅王は、その予言に恐れをなして、高い楼閣の上から赤ん坊を産み落として殺そうとします。ところが赤ん坊は、死ぬことはなく、指が一本折れただけで命が助かったのです。その子が阿闍世です。ですから、阿闍世のことを、世の人々は未生《みしょう》怨《おん》、「生まれる以前の怨みを持った子」とか、あるいは指が一本折れているものですから、「折指太子」などと呼びました。

また別の経典を見ますと、まだ子どもを授かる前に、頻婆娑羅王が狩りに出かけたけれども、獲物の鹿はついに一匹も得られなかった。たまたま一人の仙人に出会ったとき、獲物を得られないのはこの仙人が鹿を追い払って逃がしたからだと曲解して、仙人を家臣に命じて殺してしまった。この仙人が亡くなる時に、「私は何の罪もないのに死に追いやられた、私は来世にきっとお前を殺す」と予言して、ほどなく生まれてきたのが阿闍世だった。だから阿闍世は、怨みを抱いているのだと説く経典もあります。

とにかく、阿闍世は、深く怨みを抱いて生まれてきました。この阿闍世には友人がいて、それが提婆《だいば》達多《だった》です。提婆達多は、釈尊の従兄弟です。提婆達多は、権力志向が強く、釈尊の教団を乗っ取ろうと企てた人です。その提婆達多が、阿闍世に、「世の中の人たちは、なぜあなたを未生怨とか折指太子と呼ぶか知っているか」と尋ねるわけです。阿闍世には、本当は善見《ぜんけん》という良い名前があるのですが、人々は未生怨とか折指太子と呼んでいたのです。そのようにして、提婆達多から出生の秘密を聞かされた阿闍世は、それをそのまま信じてしまって、父親の頻婆娑羅王を牢獄に幽閉します。そしてさらに、頻婆娑羅王のところに密かに食べ物を運んでいた母親の韋提希夫人も、王宮の奥深くに閉じ込めてしまったのです。

このようにして、阿闍世は父を殺してしまいました。それはまさに、五逆罪の一つである「父を殺す」という罪を犯してしまったことになるのです。そしてさらに、母にも刃を向けて殺そうとしました。しかし、それは、家臣の月光によって止められ、王宮の奥深くに閉じ込めることになったのです。牢獄に閉じ込められた母親の韋提希夫人は、牢獄から釈尊に対して、教えを説いてほしいと懇願します。すると釈尊が、その願いに応えて霊鷲山《りょうじゅせん》から王舎城にやってこられます。その釈尊に、韋提希夫人は、

唯《やや》、願わくは世尊、我がために広く憂悩《うのう》なき処《ところ》を説きたまえ。（『観無量寿経』聖典九二頁）

とお願いしたのです。そのような、韋提希夫人の願いに応えて説法されたのが、『観無量寿経』の内容になります。

一方、阿闍世の救いを課題にして、五逆の罪を犯した阿闍世が、どのように救われていくのかを説かれたのが『大般涅槃経《だいはつねはんぎょう》』なのです。

◆仏性を持たない一闡提

難治の病の三つ目は、一闡提《いっせんだい》です。一闡提というのは、仏性《ぶっしょう》を持っていないものということで、断善根《だんぜんごん》とか信不具足《しんふぐそく》ともいわれます。一闡提というのは、仏性を持っていないので、成仏できない、仏になれないのです。

仏性というのは、仏になる因種、あるいは本性といってもいいし、可能性といってもいいでしょう。『宝性論』というインドの論書には、「悉く仏性あり（悉有仏性）」と説かれ、「あらゆるものに、仏になる仏性はある」とされています。すべての人々には、仏蔵（如来蔵・仏性）があり、仏になって救われていくと説かれているのです。ところが、一闡提というのは仏性がないとされるのです。仏性がなく、断善根のために、仏になることができないのです。では、そのような断善根の阿闍世が、どのようにして救われていくのか。父を殺し、母を深宮に幽閉した極悪非道の極みの阿闍世がどう救われていくのかを、『大般涅槃経』では説かれているのですが、それを親鸞聖人が自分のことに置き換えて、示しておられるのが『教行信証』「信巻」の、

それ仏、難治の機を説きて、『涅槃経』（現病品）に言《のたま》わく、迦葉《かしょう》、世に三人あり、その病《やまい》治《じ》しがたし。一つには謗大乗《ほうだいじょう》、二つには五逆罪、三つには一闡提《いっせんだい》なり。かくのごときの三病、世の中に極重《ごくじゅう》なり。

と説かれるところなのです。

（聖典二五一頁）

仏になる種を持っていない阿闍世が、どうして救われていくのか。そういった点から、親鸞聖人は、『大般涅槃経』の「一切の衆生には、悉く仏性有り（一切衆生悉有仏性）」の文を「信巻」と「真仏土巻」に引用されています。また『唯信鈔文意』（真宗法要本・真宗仮名聖教本）では、

仏性すなはち如来なり。この如来微塵世界にみちみちてまします、すなわち一切群生海の心にみちたまへるなり。草木国土ことごとくみな成仏すととけり。（真聖全二、六三〇頁）

といわれ、さらに「愚禿悲嘆述懐」和讃でも、

罪業《ざいごう》もとよりかたちなし　妄想顛倒《もうぞうてんどう》のなせるなり
心性《しんしょう》もとよりきよけれど　この世はまことのひとぞなき

（聖典五〇九頁）

と説かれ、「心性もとよりきよけれど」と、あらゆるものに仏性があるとされています。親鸞聖人は、「仏性すなはち如来なり」といわれ、その如来がことごとく衆生のところに届いてくるのだといわれています。

如来には、「如からやって来る」という意味があるのです。如来というと、一般には仏像の阿弥陀如来、大日如来、薬師如来といった名前を思い浮べるでしょう。しかし元々の意味は、

はたらきを指す言葉で、如からやって来るという意味を持っているのです。如とは究極、真理です。仏さまの究極は、

法身《ほっしん》は、いろもなし、かたちもましまさず。しかれば、こころもおよばれず。ことばもたえたり。

（『唯信鈔文意』聖典五五四頁）

といわれるように、色もなく、形もなく、言葉にもできない。それが仏さまの究極なのです。しかし、色もなく形もないものでは人間が気づけないので、形となって表現されているのです。

色もなく形もないけれど存在するものといえば、たとえば風です。風というのは、見えませんし、形もありません。けれども、木がソヨソヨと揺れるとか、戸がゴトゴトと音を立てるという風のはたらきを通して、風があるとかないとか気がつくわけです。仏もまた、色も形もないのです。ところがはたらきはあるのです。智慧のはたらきとか、慈悲のはたらきがあるのです。

原始真宗教団で用いられたものに、「光明本尊」というものがあります。盛岡本誓寺などに所蔵されているものが有名です。帰命尽十方無碍光如来という十字名号が、蓮の台座に乗った形で中央に描かれていて、そこから四方に後光が放たれているのです。そして周囲には、龍樹菩薩、天親菩薩、曇鸞大師、道綽禅師、善導大師、源信和尚、源空上人、聖徳太子といった方々が描かれています。阿弥陀仏のはたらきが、そういった人を通して私たちのところに届い

てくるというわけです。

◆如からはたらき出してきた諸仏

親鸞聖人は、法然上人のことを『高僧和讃』で、

智慧光の力より　本師源空《ほんじ》あらわれて
浄土真宗をひらきつつ　選択《せんじゃく》本願のべたまう
（聖典四九八頁）

といわれています。法然上人は、智慧の世界から私に仏法を教えるためにやって来られた人だといわれているのです。客観的に見れば、人間である法然上人なのですけれども、親鸞聖人自身の救いというところから見れば、法然上人は浄土から来られた人なのです。私たちにしてみれば、釈尊は真如の世界から、私たちに本願の救いを説き示さんがために現れて来てくださった人です。釈尊は、向こうの世界から私に仏法を説かんがために現れてくださったと受けとめられるのです。私たちに救いの教えを説いてくださった人は、みんな如からやって来られた、智慧のはたらきを担っている人ではないでしょうか。こういう人たちを「諸仏《しょぶつ》」といいます。

提婆達多は、阿闍世をそそのかした極悪非道の人です。しかし、親鸞聖人は、その提婆達多ですら『浄土和讃』で、「提婆尊者《だいばそんじゃ》」（聖典四八三頁）といわれているのです。提婆達多が、王舎城の悲劇を引き起こしてくれたおかげで、韋提希夫人が救われ、阿闍世が救われた。そして、

そのことによって、私たち凡夫も救われることができるのです。

親鸞聖人は、『教行信証』の冒頭の「総序」で、

浄邦縁熟して、調達《じょうだつ》、闍世《じゃせ》をして逆害《ぎゃくがい》を興ぜしむ。浄業《じょうごう》機彰《あらわ》れて、釈迦、韋提《いだい》をして安《あん》養《にょう》を選ばしめたまえり。これすなわち権化《ごんけ》の仁《にん》、斉《ひと》しく苦悩の群萠《ぐんもう》を救済《くさい》し、世雄《せおう》の悲、正しく逆謗闡提《ぎゃくほうせんだい》を恵まんと欲《おぼ》す。

（聖典一四九頁）

と示されています。つまり、提婆達多が阿闍世に逆害を興させたのは、「権化の仁」といわれますから、仏さまが化身となって私を教わんがために現れてくださったものだと受けとめておられるのです。

皆さんがどうして仏教の話を聞くようになられたのか。お父さん、お母さん、お祖父ちゃん、お祖母ちゃんの影響か。ひょっとして「お寺なんか行くな」といわれて、逆に反発して行くようになったというのだって一つのご縁です。よきにつけあしきにつけ、そういうはたらきの一切が、如からやって来た智慧のはたらきです。それを如来というのです。如来とは、如からやって来て私たちを真如に目覚めさせてくれるはたらきの姿を指すのです。これを方便といいます。

そのように考えてみると、世の中は如来ばかりでしょう。『阿弥陀経』では、東西南北と上下の六方に「恒河沙数諸仏《ごうがしゃしゅ》」、ガンジス河の砂の数ほど無量無数の諸仏がおられて、私たちに

常に智慧のはたらきかけをしてくださっているのだといわれています。

親鸞聖人は、

仏性《ぶっしょう》すなわち如来なり。

（『唯信鈔文意』聖典五五四頁）

と、如来そのものが仏性だといわれています。一般的には、仏性というのは仏に目覚める種であって、みんながその種を持っていて、その種が何かの縁で花が開いて目覚めて仏になっていくのだといわれます。ところが、親鸞聖人は、そのようにはいわれません。阿闍世のような、どうしようもない極重悪人で仏性のない人間であっても、また、私たち凡夫のような断善根のもの、一闡提といわれるものであっても、如来のはたらきを受ければ仏になれるといわれるのです。ですから、その仏のはたらき、あるいは仏の心そのものが仏性だといわれているのです。

◆悪人を救う如来の慈悲

それでは、仏性を持たないといわれる阿闍世が、如来のはたらきを受けてどのように救われていくのでしょう。親鸞聖人は、自身も凡夫であり真実の心がない極重悪人だといわれます。その極重悪人の私たちに、如来がはたらきかけてくださるのです。

親鸞聖人は、『唯信鈔文意』で、「仏性すなわち如来なり」に続いて、

仏性《ぶっしょう》すなわち如来なり。この如来、微塵《みじん》世界にみちみちたまえり。すなわち、一切群生《ぐんじょう》

海《かい》の心なり。この心に誓願《せいがん》を信楽《しんぎょう》するがゆえに、この信心すなわち仏性なり。
（聖典五五四頁）

と、「信心すなわち仏性なり」と説かれています。この信心というのは、力んで信じるのではありません。親鸞聖人の信心というのは、鰯の頭も信心からとか、これを信じたら救われるという信心ではありません。親鸞聖人の信心とは、たまわりたる仏の心です。

『歎異抄』に、「善信が信心も、聖人《しょうにん》の御信心もひとつなり」（聖典六三九頁）ということが説かれています。これは、親鸞聖人が吉水の法然上人のもとで勉強しておられたとき、親鸞聖人が「善信が信心も、聖人の御信心もひとつなり」と多くのお弟子の前でいわれたというのです。すると、他の弟子たちが「あんたみたいな駆け出しの者と、法然上人みたいな偉い方の信心と同じはずがない」と反論する。親鸞聖人は、「智慧や才覚ということでは違いますが、私の信心は仏さまからたまわった信心で、法然上人の信心も仏さまからたまわった信心です。だから信心ということでいえばひとつなのです」と答えられました。しかし、他の弟子たちは承服できないという。それで、法然上人に直接聞いてみようということになります。みんなで法然上人に聞きにいくと、法然上人は、

「源空が信心も、如来よりたまわりたる信心なり。善信房《ぜんしんぼう》の信心も如来よりたまわらせたまいたる信心なり。されば、ただひとつなり。別の信心にておわしまさんひとは、源空が

まいらんずる浄土へは、よもまいらせたまいそうらわじ」
（聖典六三九頁）

と答えられたということです。

ということは、浄土真宗がいうところの信心は、「如来よりたまわりたる信心」であり、自分の信心ではないのです。仏の心をいただくのです。仏の願心が信心で、その願心を衆生が聞くわけです。ですから聞信です。信心は聞くことによって成就するのです。そうすると、仏性というのは仏の心なのです。それが如からやってきて、一切世界に遍満しているのです。

ですから、親鸞聖人のいわれる仏性というのは、仏になる種ということだけではなくて、仏の心そのものが衆生に届いて、それが仏になる可能性を私たちに与えてくれるというものなのです。阿闍世のように断善根で、救われる可能性の種すらない人であっても、仏の方からそれが届くのをいただくことができるのです。文字通り聞くことによって、如からやってくるのです。法然上人を通して、親鸞聖人を通して、あるいは、先立つ念仏者を通して、私たちのもとへ届く。だから極悪非道の者であっても救われていくというのです。そうでなければ救われないのです。

それを『大般涅槃経』では、

よく衆生《しゅじょう》をして善心開敷《かいふ》せしむ。このゆえに名づけて「月愛三昧《がっあいざんまい》」とす。
（「信巻」聖典二六一頁）

というように、「月愛三昧」と表現しています。日輪が智慧を象徴するのに対し、月光は慈悲を象徴します。この罪濁の身の救済は、理を超えたものです。

二　悪人が救われる仏教体験

◆罪を犯した阿闍世の仏教体験

『大般涅槃経』の記述は興味深いものです。阿闍世は、身体に変な吹き出物が出て、どうしようもない状態になります。それから、なんとかして救われたいと願っている阿闍世のもとに、六人の大臣が現れて、いろいろと救いの方法を説くのです。この六人は六師外道といって、仏教以外の教えを説くのです。六人の大臣というのは、月称、蔵徳、実徳、悉知義、吉徳、無所畏の六人で、それぞれが詭弁を使って、こうしたら救われると説く。ところが、そうしたことではもはや救われそうにないのが、阿闍世でした。

そこで阿闍世は、耆婆《ぎば》という医者に出会います。耆婆は、釈尊の異母弟だといわれています。その耆婆が、そんな外道の話を聞いて病気がひどくなっていくよりは、釈尊のところに行きなさいとアドバイスします。そして、釈尊が常に説かれる教えとして、

諸仏世尊常にこの言《ごん》を説きたまわく、「二つの白法《びゃくほう》あり、よく衆生《しゅじょう》を救《たす》く。一つには慙《ざん》、

二つには愧《き》なり」。

（「信巻」聖典二五七頁）

と、「慚愧」について話します。そしてさらに、

「慚」は人に羞《は》ぢず、「愧」は天に羞ぢず。これを「慚愧《ざんぎ》」と名づく。「無慚愧《むざんぎ》」は名づけて「人《にん》」とせず、名づけて「畜生《ちくしょう》」とす。

（「信巻」聖典二五七〜二五八頁）

と続けています。厳しい言葉ですね。

懺悔というのは、自分で反省して悔い改めることです。慚愧は、他なるものに照らされて、自己のありようを問うことです。自分で反省しましたでは、本当の反省にはならないのです。「反省だけなら猿でもできる」という言葉もあります。自分は自分に甘いから、自己評価では何も見えないのです。第三者評価が慚愧です。経典の言葉に照らされて、我が身が羞じられてくる。そのときに、自分そのものの思いが破られるわけです。

阿闍世は、耆婆から「無慚愧は名づけて人とせず、名づけて畜生とす」と、無慚愧は人とは名づけられないといわれる。そして、

大王、速やかに仏の所《みもと》に往《もう》ずべし。仏世尊を除きて余は、よく救《たす》くることなけん。

（「信巻」聖典二五八頁）

と、釈尊のところに行きなさいと勧められるのです。

『無量寿経』には、

善知識《ぜんじしき》に遇《あ》い、法を聞きて能《よ》く行ずること、これまた難《かた》しとす。
（聖典八七頁）

と、善知識に遇うというのは難しいことだと説かれています。けれども、『歎異抄』に、

有縁の知識に依らずは、いかでか易行《いぎょう》の一門に入ることを得んや。
（聖典六二六頁）

とあるように、人に出遇うということが、仏教の入り口なのです。人に出遇わなくても、書いたものでもいいではないかと思われるかもしれませんが、書いたものを読んでいると、ひとりよがりの解釈をしてしまいます。また、言葉だけでは表現できないものもあるのです。ですから、真実の法というのは、人を通さないと出遇えない。それもまず、ご縁のある人に出遇っていかなければなりません。

昔、面白い学生がいました。ミッション系の高等学校で、キリスト教の勉強をしてきたそうです。大学では仏教の勉強をしました。あとイスラム教を勉強したら、世界の三大宗教を学んだことになる。それをすべて比較して、一番良い宗教を信じようと思いますといっていました。しかし、そんなことをしていたら、いつまでたっても救われる道には出遇えないのです。

たとえば、名古屋から道が三本出ていて、そのうち一本だけが東京につながっているとします。どれが東京へつながっているかを確かめないと歩み出せないとしたら、いつまでたってもたどり着けないでしょう。どうしたらいいですか。どれでもいいから、まず、ご縁のある身近な道を行ったらいいのです。それが東京につながっていなかったら、帰ってくればいいのです。

そして二本目の道を行く。着いたらそれでいいし、着けなかったら違う道を行ったらいいのです。宗教とはそういうものなのです。頭の中であれこれ比較できるものではないのです。ご縁のある道を、まず歩んでごらんなさいということです。どれか一つご縁のある道を主体的に決める。釈尊は、対機説法ですから、いろいろな道をお説きになっています。

◆人を通じて法に遇う

善導大師は、「人《にん》に就いて信を立つ（就人立信）」（「散善義」「信巻」聖典二一七頁）といわれました。けれども、その人のファンになってしまっては駄目なのです。その人を通して、その人が語ろうとする法に出遇わないといけないのです。タレントなら、たんなるファンクラブでいいのです。ところが、仏教は違います、とくに浄土門は違います。禅なら生涯を尽くして、これぞ我が師という人に出遇っていくのでしょう。そして、衣鉢《いはつ》を継ぐのです。ところが、浄土門は違います。その人を通して、その人が語ろうとする法に出遇うのです。法に出遇ったら、すべてが法を語る諸仏と仰げてくるのです。気がついたら、諸仏の真っ只中に自分がいたことに気づかされるのです。善導大師が「人に就いて信を立つ（就人立信）」のあとに「行に就いて信を立つ（就行立信）」（「散善義」「化身土巻」聖典三三五頁）といっておられます。行つまり、この場合は、念仏という法に就いて信を立つということです。

言葉というのは、一つの手立てでしかないですから、言葉だけでは伝わらないのです。ですから、真実の法というのは、人を通して語られて伝わっていく。しかし、その人に捉われてはいけないのです。その人の語ろうとする法に出遇わないといけない。その法に出遇ったら、一切は私がその法に出遇うための手立て、方便だったと仰げてくるわけです。

阿闍世は、今、六師外道に出会ったけれども、どれも末通った道ではなかった。そこで耆婆の勧めによって自らを慙愧し、釈尊に出遇ったのです。『大般涅槃経』では、一闡提の阿闍世が月愛三昧によって救われます。月愛三昧とはいったい何でしょうか。それには、次の三義があります。

（1）たとえば月の光よく一切の優鉢羅華《うはつらけ》をして開敷《かいふ》し鮮明《せんみょう》ならしむるがごとし。月愛三昧《がつあいざんまい》もまたかくのごとし、よく衆生をして善心開敷せしむ。

（2）たとえば月の光よく一切、路《みち》を行くの人心に、歓喜《かんぎ》を生ぜしむるがごとし。月愛三昧もまたかくのごとし、よく涅槃道を修習《しゅじゅう》せん者の心に、歓喜《かんぎ》を生ぜしむ。

（3）諸善の中の王なり、甘露味《かんろみ》とす。一切衆生の愛楽《あいぎょう》するところなり。

（「信巻」聖典二六一頁）

月の光が、青い蓮華の花を咲かせるような光を発している。それと同じように、月愛三昧は、仏が衆生に善心を開かせるようなものであるという。また、路を行く人に喜びを与え、そして、それは一切の人が愛楽するところであるということです。釈尊は、そのような慈悲の心を発信しようとされるわけです。

その時釈尊は、阿闍世の慚愧を知られて、沙羅双樹の下で涅槃に入ろうとされていたにもかかわらず、

このゆえに我「阿闍世の為《ため》に無量《むりょう》億劫《おっこう》に涅槃《ねはん》に入らず」と言《のたま》えり。（「信巻」聖典二六〇頁）

と、阿闍世のために涅槃に入らないと宣言されます。そして続いて、

阿闍世王のために月愛三昧に入れり。三昧に入り已《おわ》りて大光明を放つ。その光清涼《しょうりょう》にして、往《ゆ》きて王の身を照らしたまうに、身の瘡《かさ》すなわち癒《い》えぬ。（「信巻」聖典二六〇頁）

とあって、阿闍世のために月愛三昧に入り、阿闍世の身体の吹き出物を治療すべく、辺りにくまなく光を放たれたのです。その光は清らかで、阿闍世の身体を照らすと、身体の瘡がたちまちにして癒えました。

釈尊は、まず身体を治療してから、心の治療をされるのです。そのときにこんな喩えを示しておられます。

たとえば一人して七子あらん。この七子の中に、（一子）病に遇《あ》えば、父母《ぶも》の心平等ならざるにあらざれども、しかるに病子において心すなわち偏《ひとえ》に重きがごとし。大王、如来もまた爾《しか》なり。もろもろの衆生において平等ならざるにあらざれども、しかるに罪者におい

て心すなわち偏《ひとえ》に重し。

（「信巻」聖典二六〇頁）

このように、七人の子どもを持った親がいて、子の誰かが病気にかかったとき、両親の心が、不平等なことはないとしても、やはり病気の子どもにひとしお心が傾くように、如来の心も、罪深い者にひとしお心が傾くと説かれているのです。

釈尊は、「阿闍世王の『為』に涅槃に入らず」（聖典二五九頁）といわれるのですが、その「為」について細かに説明をされます。

（1）「為《い》」は、すなわちこれ一切有為《うい》の衆生なり。我《われ》ついに無為《むい》の衆生のためにして世に住せず。何をもってのゆえに。それ無為《むい》は衆生にあらざるなり。「阿闍世《あじゃせ》」は、すなわちこれ煩悩《ぼんのう》等を具足せる者なり。

（「信巻」聖典二五九頁）

このように、阿闍世が煩悩をもって極悪非道であるのは、一切衆生を代表しているからだということです。その阿闍世が今救いを求めている。だから釈尊は阿闍世の為に涅槃に入らないといわれたというのです。次にまた、

（2）また「為《い》」は、すなわちこれ仏性を見ざる衆生なり。もし仏性を見んものには、我《われ》ついにために久しく世に住せず。何をもってのゆえに、仏性を見る者は衆生にあらざるなり。「阿闍世」は、すなわちこれ一切、未《いま》だ阿《あ》耨多羅《のくたら》三藐三菩《さんみゃくさんぼ》提心《だいしん》を発《ほっ》せざる者なり。

（「信巻」聖典二五九頁）

このように、阿闍世は断善根ですから仏性をもっていない。仏性をもっていないと菩提心をおこすことができず、覚《さと》りに至らない。その阿闍世に仏性を授けるために、涅槃に入らないといわれているのです。さらに、

（3）また「為《い》」は、名づけて仏性とす。「阿《あ》闍《じゃ》」は、名づけて不生とす。「世」は、怨《おん》に名づく。仏性を生ぜざるをもってのゆえに、すなわち煩悩の怨《あた》生ず。煩悩の怨《あた》生ずるがゆえに、仏性を見ざるなり。煩悩を生ぜざるをもってのゆえに、すなわち仏性を見る。仏性を見るをもってのゆえに、すなわち大般《だいはつね》涅槃《はん》に安住することを得《う》。これを「不生」と名づく。このゆえに名づけて「阿闍世」とす。（「信巻」聖典二五九～二六〇頁）

といわれています。「為阿闍世」という言葉を分解して、為は仏性、阿闍は不生、世は怨であるとされます。ようするに、こういった三つの意味をもって、釈尊は涅槃に入らずして、阿闍世のために月愛三昧に入り、その功徳を施すといわれるのです。

◆阿闍世の難病を治す妙薬

親鸞聖人は、阿闍世の病を治す薬があるといわれます。

ここをもって、今大聖《だいしょう》の真説に拠《よ》るに、難化《なんけ》の三機・難治《なんじ》の三病は、大悲の弘誓《ぐぜい》を憑《たの》み、利他の信海に帰すれば、これを矜哀《こうあい》して治《じ》す。これを憐愍《れんびん》して療《りょう》したまう。たとえば、醍《だい》

醐《ご》の妙薬《みょうやく》の一切の病を療するがごとし。濁世《じょくせ》の庶類《しょるい》・穢悪《えあく》の群生《ぐんじょう》、金剛不壊《こんごうふえ》の真心を求念《ぐねん》すべし。本願醍醐の妙薬を執持すべきなりと。（「信巻」聖典二七一～二七二頁）

阿闍世は一闡提で、五逆罪を犯し、仏法を謗るという三つの難病を持っています。その阿闍世が慚愧したら、仏は醍醐の妙薬が一切の病を治すように、阿闍世の病を治されるといわれるのです。

醍醐とは、牛乳を精製する過程で、最も手をかけたものをいいます。五段階あって順に、乳、酪《らく》、生酥《しょうそ》、熟酥《じゅくそ》とあって、そして最高が醍醐です。「応病与薬」という言葉があります。仏は病に応じて薬を与える。三病を持つ阿闍世には、醍醐の妙薬つまり本願の教えを与える。応病与薬を別の言葉でいえば対機説法です。相手に応じて法を説く。極重悪人の阿闍世に対して、仏が阿弥陀仏の本願の教えを説かれたというわけです。

そうすると、親鸞聖人が「信心仏性」であるといわれるのは、阿闍世と涅槃、煩悩と菩提、生死と涅槃を「即」の関係で成り立たせる如来のはたらきそのものをいっているのです。私は永遠に仏になれない存在でありながら、逆にそうであるからこそ、私はまさに仏になり得る存在であるということです。仏に成れないという自覚が、遍満する仏の大悲心、つまり信心が仏性となって仏に成っていく。

いずれの行もおよびがたき身なれば、とても地獄は一定《いちじょう》すみかぞかし。

（『歎異抄』聖典六二七頁）

といいつつ、

仏性すなはち如来なり。この如来微塵世界にみちみちてまします、すなはち一切群生海の心にみちたまへるなり、草木国土ことごとくみな成仏すととけり。

（『唯信鈔文意』真聖全二、六三〇頁）

と、一切が救われていくことであるといわれるのです。これを「無根の信」「仏凡一体」といいます。

これはどういうことかといいますと、阿闍世は慚愧し、自らを問うて、そして釈尊の月愛三昧の慈悲の光を浴びているわけです。「無根の信」というのは、仏になる根っこがないのに、仏さまからの信を得て救われていくということです。それが『大般涅槃経』の中に出てくるのです。

我《われ》今始めて伊蘭子《いらんし》より栴檀樹《せんだんじゅ》を生ずるを見る。「伊蘭子」は、我が身これなり。「栴檀樹」は、すなわちこれ我《わ》が心、無根の信なり。「無根」は、我《われ》初めて如来を恭敬《くぎょう》せんことを知らず、法・僧を信ぜず、これを「無根」と名づく。世尊、我もし如来世尊に遇《もうあ》わずは、当《まさ》に無量《むりょう》阿僧祇劫《あそぎこう》において、大地獄に在《あ》りて無量の苦を受くべし。我今仏を見たてまつる。これ仏を見るをもって得《う》るところの功徳、衆生の煩悩悪心を破壊《はえ》せしむ、と。

伊蘭子という樹は、くさい匂いを発していて、森にその樹が一本あるだけで、森全体が臭くなってしまう。一方、旃檀の樹はいい匂いを森全体に発するという。阿闍世は、この二種の樹に譬えているのです。伊蘭の樹は、伊蘭の種から生える。旃檀の樹は旃檀の種から生えるのですが、ところが今は、伊蘭の種から栴檀の樹が生えてくることを知りましたといわれています。この伊蘭の種とは阿闍世自身の身体であり、そこから栴檀の樹が生えるとは、この心に根がなくても芽生えた信心のことです。阿闍世は、私がもし釈尊にお遇いできなかったら、地獄で計り知れない苦しみを受けていたに違いありません。しかし、私は今こうして、仏にお遇いして得られる功徳によって、私の煩悩にまみれた悪心を破ることができましたといっているのです。

（「信巻」聖典二六五頁）

三　如来の智慧と一つになる

◆悪を転じて善と成す

ふだん我々は、悪いことをやめて善いことをしようといっています。廃悪修善《はいあくしゅぜん》、つまり悪を廃して善を修するということです。ところが、いくら悪いことをやめようとしても、汚い煩悩を持っているのは我々ですから、善くはならないのです。面白いことわざがありまして、「隣に蔵が建てば、我が家《うち》腹が立つ」というのです。口では「よかったですね。おめでとうございます」といっているのですが、心の中には妬みの心があって腹を立てているのです。その悪い心にほっかぶりして、善人づらしているのが我々の姿です。

親鸞聖人は、「悪を転じて善と成す（転悪成善）」といわれます。その転ずるとはどういうことかといいますと、たとえば、『正信偈』の、

凡聖《ぼんしょう》、逆謗《ぎゃくほう》ひとしく回入《えにゅう》すれば、衆水、海に入りて一味なるがごとし。

（凡聖逆謗斉回入　如衆水入海一味）　（聖典二〇四頁）

ということです。これは『尊号真像銘文』にある、

小聖《しょうしょう》・凡夫・五逆《ごぎゃく》・謗法《ほうぼう》・無戒・闡提《せんだい》みな回心《えしん》して、真実信心海に帰入しぬれば、衆水の海にいりて、ひとつあじわいとなるがごとしとたとえたるなり。　（聖典五三二頁）

ということです。『高僧和讃』には、

尽十方無碍光《じんじっぽうむげ》の　大悲大願の海水《かいしい》に
煩悩の衆流《しゅりゅう》　帰しぬれば　智慧のうしおに一味《いちみ》なり　（聖典四九三頁）

さらに、『正像末和讃』には、

弥陀の智願海水《ちがんかいしい》に　他力の信水《しんしい》いりぬれば
真実報土のならいにて　煩悩菩提一味なり　（聖典五〇二頁）

とうたわれています。

悪をやめて善を修めるのではなくて、悪を転じて善と成す。転ずるということは、罪を消すのではなく、『正信偈』の中の言葉でいえば、

煩悩を断ぜずして涅槃を得るなり。（不断煩悩得涅槃）　（聖典二〇四頁）

ということです。「止悪修善」あるいは「断惑証理」というのが聖道門の考え方です。ところが凡夫には、惑いを断ち切って真理を証するなどという難行はできません。それで親鸞聖人は、悪を転じて善と成す、煩悩を断ぜずして涅槃を得るといわれたのです。

『高僧和讃』には、

罪障《ざいしょう》　功徳の体《たい》となる　こおりとみずのごとくにて

こおりおおきにみずおおし　さわりおおきに徳おおし　（聖典四九三頁）

とあります。罪障がそのまま徳の本質となる。氷が大きいほど溶けたときの水は多くなる。障りの自覚が深ければ深いほど徳が多くなるという意味です。

「断ぜず」とは、断ち切るのではなくて自覚するということです。「私は悪いことをやめて善いことをして、こんなに立派になりました」というのではなく、「私は極重悪人でした、愚かな凡夫の私でした」と、罪を自覚することで、自らに出遇っていく。愚か者に帰っていくということです。

法然上人は、みずからを「十悪の法然房」「愚痴の法然房」（『黒谷上人語灯録』第一五巻、真聖全四、六六七頁）といわれています。親鸞聖人は「愚禿親鸞」といわれます。このように、本物に出遇った人は、みんな自分を愚か者だと自覚しておられるのです。

また良寛上人は「大愚良寛」、伝教大師最澄は「愚が中の極愚、狂が中の極狂、塵禿の有情、底下の最澄」（『日本思想大系4　最澄』二八七頁）といわれています。

そのように仏の智慧のはたらきによって、愚かであるという自覚をし、極重悪人でしかない私が、仏の月愛三昧による慈悲のはたらきによって救われていく。皆さんは、どちらがいいですか。「私は修行しました。立派になりました」と善を誇っているのと、「私は極重悪人です。愚かな凡夫です」というのと。愚かであると自覚をしているというと、わざと自分を卑下して、悪く見せようとする人がいますけれども、これはそうではないのです。人に羞じ、天に羞じるわけですから、とことん自分が極重悪人であると自覚するということです。

阿闍世は、まさにそういう仏のはたらきを受けて、愚かに還るのです。極重悪人だと自覚することによって、人間らしさを取り戻していったのです。これが『歎異抄』の、

善人《ぜんにん》なおもて往生をとぐ、いわんや悪人《あくにん》をや。（聖典六二七頁）

です。善人ですら往生をとげるのだから、ましていわんや悪人はなおさらだというわけです。

◆凡夫の心がそのまま仏心に

阿闍世が慚愧し、みずからを問うていくことで、その極重悪人の私ですら救われていく。このことで、曇鸞大師が面白い喩えをされています。「木火の譬え」です。

> 火、木より出《い》でて、火、木を離るることを得ざるなり。木を離れざるをもってのゆえに、すなわちよく木を焼く。木、火のために焼かれて、木すなわち火となるがごときなり。
> （「信巻」聖典二四二頁）

この木を凡夫の心、火を仏の心に置き換えて考えるのです。すると、「仏心は凡夫の心より出でて、仏心は凡夫の心を離れることを得ざるなり。凡心を離れざるをもってのゆえに、すなわちよく凡心を焼く。凡心は仏心のために焼かれて、凡心すなわち仏心となるがごときなり」となります。

つまり、仏の方から見たら、凡心がそのまま仏心になっているのです。仏心は、我々凡夫の心から出たものです。仏心が凡夫の心を焼いて、凡夫の心がそのまま仏の心になっていく。それを「仏凡一体」というのです。これは言い換えれば、「煩悩即菩提」ということになります。これは大乗仏教の究極の論理です。

煩悩がそのまま材料となって覚りになるのです。煩悩を捨てて覚りを得るのではないのです。凡夫の心が、そのまま材料となって仏心となる。この「即」が大乗仏教です。煩悩と菩提は即でありながら非です。それを鈴木大拙先生が「即非の論理」といわれました。煩悩がそのまま材料となって覚りになる。けれども、煩悩と菩提は違うのです。

ようするに、極重悪人の阿闍世が、徳を積んで立派な善人になっていったという話ではないわけです。極重悪人の阿闍世が、みずから極重悪人と慚愧した。慚愧することによって、その罪が自覚され、そのまま転ぜられて、阿闍世が救われていった。その如来のはたらきが信心仏性です。仏さまの如からやって来るはたらきです。如来からやって来る慈悲と智慧のはたらきによって、阿闍世が救われていくという論理なのです。

これはもちろん、阿闍世に重ねあわされた無明煩悩の愚禿親鸞自身が、本願によって功徳大宝海に転入していくことを述べているということです。それが「われら凡夫」として普遍化されていることはいうまでもありません。

◆「唯除」は抑止のため

ここでもう一つ、「唯除の文」と信心仏性との関わりについて考えてみたいと思います。『無量寿経』の第十八願文には、

たとい我、仏を得んに、十方衆生、心を至し信楽《しんぎょう》して我が国に生まれんと欲《おも》うて、乃至《ないし》十念せん。もし生まれずは、正覚を取らじ。唯五逆《ただごぎゃく》と正法《しょうぼう》を誹謗《ひほう》せんをば除く。

(聖典一八頁)

と説かれ、さらに第十八願の成就文には、

あらゆる衆生、その名号《みょうごう》を聞きて、信心歓喜《しんじんかんぎ》せんこと、乃至《ないし》一念《いちねん》せん。心《しん》を至し回向《えこう》したまえり。かの国に生まれんと願ずれば、すなわち往生を得て不退転《ふたいてん》に住す。唯五逆《ただごぎゃく》と誹謗《ひほう》正法《しょうぼう》とを除く。

(聖典四四頁)

と説かれています。

そこには、阿弥陀仏は十方のあらゆる衆生を救済されるが、「唯、五逆罪を犯した者と正法を誹謗する者を除く」と説かれています。『観無量寿経』には、往生について、

不善業《ごう》たる五逆・十悪を作る。(中略)かくのごときの愚人《ぐにん》、命終の時に臨みて、善知識の、(中略)教えて念仏せしむるに遇《あ》わん。(中略)仏名を称するがゆえに、念念の中において八十億劫の生死《しょうじ》の罪を除く。(中略)すなわち極楽世界に往生することを得ん。

(聖典一二〇～一二一頁)

と説かれています。ここでは、正法を誹謗する者については触れられていませんが、五逆罪を犯した者でも浄土に往生できると説かれています。

曇鸞大師の『浄土論註』には、五逆罪と謗法罪では、仏法を否定する誹謗罪の方が罪が重くて救われないが、五逆罪を犯す者は、仏法に帰依して十念相続すれば、浄土に往生できるとさ

れています。これに対して善導大師は、已造業《いぞうごう》と未造業《みぞうごう》に分けて、『無量寿経』の第十八願の「唯除の文」は、五逆罪も謗法罪も未だ罪を犯していない者について、それを犯さないように抑止《おくし》するための経説であるとされました。それに対して、既に犯してしまった者については、回心して懺悔するならば、仏の大悲心によって阿弥陀仏に摂取されて、浄土に往生することができると説かれています。

それに対して、親鸞聖人は、仏性即ち如来で、「如来は、微塵世界にみちみちて」、唯除の機である阿闍世が救われていったとされるのです。ですから、唯除の機であっても信心仏性によって成仏するとの確証を得ておられるのです。

『尊号真像銘文』には、

「唯除五逆《ゆいじょごぎゃく》　誹謗正法《ひほうしょうぼう》」というは、唯除というは、ただのぞくということばなり。五逆のつみびとをきらい、誹謗のおもきとがをしらせんとなり。このふたつのつみのおもきことをしめして、十方一切の衆生みなもれず往生すべし、としらせんとなり。（聖典五一三頁）

とあります。さらに、『唯信鈔文意』には、

「罪根深《ざいこんじん》」というは、十悪五逆の悪人、謗法闡提《ほうぼうせんだい》の罪人、おおよそ善根《ぜんごん》すくなきもの、悪業おおきもの、善心《ぜんじん》あさきもの、悪心ふかきもの、かようのあさましき、さまざまのつみふかきひとを、「深」という。ふかしということばなり。すべて、よきひと、あしきひと、

とうときひと、いやしきひとを、無碍光仏《むげこうぶつ》の御《おん》ちかいには、きらわず、えらばれず、これをみちびきたまうをさきとし、むねとするなり。真実信心をうれば実報土《じっぽうど》にうまるとおしえたまえるを、浄土真宗の正意《しょうい》とすとしるべしとなり。（聖典五五二頁）

といわれています。親鸞聖人にとっては、「唯除」とは単なる排除の意味ではなく、五逆と謗法の罪の重さを知らせつつ、それでもなお、阿弥陀の大悲はそれらを漏らすことなくおさめとるという、「抑止《おくし》」と「摂取」の両義を、そこに読み取っておられるのです。

『無量寿経』では、一切の衆生を救うと書いてあるのに、除外条項が説かれているのはなぜなのかといえば、たいへん大きな罪だからそれを犯さないようにということを説いているのです。

たとえば、お母さんが我が子に対して、「そんな悪いことをする子は、うちの子にしてあげません」といって注意する。本当はうちの子なのですけれども、悪いことをしたらいけないので、あらかじめ抑制する。これを抑止門といいます。五逆・謗法を「させない」という論理で、『無量寿経』では「唯除」という除外条項が説かれている。そうであっても、本当はすべて摂取して救うのだというわけです。

◆我らが救われる道

こうして如来のはたらきを受けとめた者は、兎《う》の毛、羊の毛の先の塵ばかりの罪をも、みずから主体的に受けとめていくのです。ですから、親鸞聖人は、自身が法律を犯したわけでもないのに、自分のことを極重悪人といわれるのです。ところが世の中には、いっぱい悪いことをしていても、自分でそうは思っていない人がいます。つまりこれは、主体の問題なのです。自分がどう主体的な受けとめ方をするか。しかもその罪の自覚は、たんなる自分だけの罪ではないのです。「共業《ぐうごう》」といって、共に犯している罪もあるのです。人間というものは、共に罪を犯しているわけです。

たとえば、東日本大震災の津波によって福島の原子力発電所で事故が起きました。私たちはつい被害者意識でもって、国が悪い、電力会社が悪いといっています。しかし一方では、そういうことを許してきた私たちの責任でもあるのです。いうなれば、私たちは加害者でもあるわけです。加害者としての意識があれば、節電に協力しようといった動きも出てくるのです。

そのように、私たちは共業を共有していますから、自身は極重悪人だといっても、それはたんに私だけということではなくて、「我ら」というかたちで連帯している部分があるのです。

親鸞聖人が用いられる「群」や「海」という言葉には、そのような普遍性があります。「我ら」が、すなわち同心・同行・同朋・親友がともに救われる道がここにあるのです。

二、はからいを離れて、あるがままを良しとする生き方
―ブータンの幸福論の本質を考える―

一　自力のはからいを離れる

◆有無を離れる

阿弥陀仏のはたらきかけによって、私たちの自力のはからいが破られ、それによって仏の智慧を真実信心としてたまわるわけですが、そのときに開かれる世界が、具体的にどのようなものかということをお話ししたいと思います。

親鸞聖人は、はからいが破られた世界を、「有無を離れる」とおっしゃっています。そこに開かれる具体的な「空しく過ぐる者なし」という生活について「ブータンの幸福論」を手掛かりにして考えてみたいと思います。

まず「有無を離れる」ということですが、これは『浄土和讃』に、

解脱《げだつ》の光輪《こうりん》きわもなし　光触《こうそく》かぶるものはみな

有無《うむ》をはなるとのべたまう　平等覚《かくきみょう》に帰命せよ　（聖典四七九頁）

と説かれ、『正信偈』には、

龍樹大士《りゅうじゅだいじ》世に出《い》でて、ことごとく、よく有無《うむ》の見を摧破《ざいは》せん。（聖典二〇五頁）

（龍樹大士出於世　悉能摧破有無見）

と説かれています。

そして「空しく過ぐる者なし」というのは、天親菩薩の『浄土論』に、

仏の本願力を観ずるに、遇《もうお》うて空《むな》しく過ぐる者なし、能《よ》く速やかに功徳の大宝海《だいほうかい》を満足せしむ。（聖典一三七頁）

（観仏本願力　遇無空過者　能令速満足　功徳大宝海）

と説かれています。

この『浄土論』の言葉を、親鸞聖人はたいへん大事にしておられます。そのことから、親鸞聖人の御絵像の讃文にこの言葉が書かれています。お内仏の親鸞聖人の御絵像を見ていただくと、御絵像の上にこの讃文が書いてあります。

「仏の本願力を観ずるに、遇《もうあ》うて空しく過ぐる者なし」というのは、他力信心によって開かれてくる世界です。ここでは、「空しく過ぐる者なし」といわれるのですが、みなさんは、日々空しく過ごしていませんか。一言でいえば、「こんなはずではなかった」。もっと良いとこ

ろで良い暮らしをしているはずだったのに、現実は違ったということですね。そのような思いを超えていくというのが、他力信心が開いてくる世界です。

◆ブータンの人々の幸福感

二〇一一年に、ブータンの国王が日本におみえになりました。ブータンの国民は、九十七パーセントが「自分たちは幸福である」と感じているということです。ブータンという国は、ネパールの東にあり、インドと中国という大国の間に挟まれて、長い間鎖国をしていた国です。そして、やっと鎖国がとけて、今のようになりました。人口はだいたい七十万人といわれています。面積は四万七千平方キロメートルで、九州くらいの広さです。それで、仏教が国教になっています。

九十七パーセントの国民が幸福であるというと、なんだかすごく物が豊かであるとか、至れり尽くせりの国のように思われるかもしれませんが、実際はそんなに物が豊かにある国ではありません。物が豊かにあるわけではないけれど、ほとんどの人が自分たちは幸福であるという感覚を持っているのです。皆さんどう思われますか。

私たちが、普通に考える幸福というのは、物が豊かで、おいしいご馳走が食べられて、３Ｄの立体テレビもあるような生活だと思いますね。ところが、ブータンでは、洗濯機もそれほど広く普及していないし、ましてや立体テレビなんかありません。私たちは、自分たちが快楽を味わえる生活をすることが幸福だと思っています。しかし、皆さん振り返ってみてください。戦後の物のない時代でも、幸福な人は幸福だといっていたのではないですか。それに比べたら、はるかに今は物が豊かにあるわけです。これだけ物が豊かにあっても、幸福だという実感を持てない日本人が多くいるのではないでしょうか。ところが、物が無くても、ブータンの人は幸福だと感じているわけです。これはなぜでしょうか。たんに気の持ちようだといわれるかもしれませんが、気の持ちようで皆さんは自分が幸福だといえますか。気の持ちようだ、気の持ちようで私は幸福だ。それは口でいっているだけです。そんなことをいっていると、すぐに化けの皮が剝がれますよ。しかし、ブータンの国民の多くは、物がなくても自分たちは幸福だといっているわけです。

◆豊かさの指標

ブータンでは、「グロス・ナショナル・ハピネス（国民総幸福）」（ＧＮＨ）という物の見方や考え方で豊かさを表現しています。一般的には、「国民総生産（ＧＤＰ）」とか「国内総生産（ＧＮＰ）」という指標で、それぞれの国の豊かさを計っています。つまり、物が豊かにある国は幸福だということです。これが一般的な国の豊かさの比較の指標です。しかし、「グロス・

ナショナル・ハピネス（国民総幸福）」というのは、それとは根本的に違う見方をしているのです。

そのような考え方が、どこからきているのか。じつは数年前に、国連でブータンの国王が、その「国民総幸福（ＧＮＨ）」という考え方を大事にしましょうと提言されました。それに対して、七十か国が賛同し、国連の世界保健機関（ＷＨＯ）で決議されました。なぜそれに対して多くの国の賛同が得られたのかというと、これは今の世界の現実を見たらわかります。この現実というのは、欲と欲のぶつかり合いの世界です。どれだけ物が手に入っても「こんなはずではなかった」となります。百万円が手に入っても、一千万円をもらうつもりだったから、「こんなはずではなかった」。一千万円が手に入っても、一億円をもらうつもりだったから、「こんなはずではなかった」。いくらお金をもらっても、いくらいい物をもらっても、きりがないのです。それが現代人の価値観、物の見方の行き詰るところでしょう。欲と欲のぶつかり合いですから、あげくの果ては戦争しかないのです。

それに対して、ブータンは仏教が国教であることが、大きな違いを生み出しているのかもしれません。来日の時も、国王の後ろには、いつもチベット仏教の海老茶色の衣を着たお坊さんが数名立っておられました。

◆すべてを実在する物と見る立場

「国民総生産（GDP）」とか「国内総生産（GNP）」というのは、数値目標を作って右肩上がりに成長していくという考え方です。ですから、これはどこまでいっても満足することはありません。さらに、当てが外れると、「こんなはずではなかった」といわなければなりません。

じつは、今日の我々のこういった価値観というのは、西洋の近代の考え方です。私たちは、そういう西洋の近代の考え方を学校の教育で習ってきています。私たちは、明治以降、西洋の考え方が絶対的だという価値観で育ってきていて、東洋の考え方は古臭いとか、意味を持たないと思ってしまっています。

西洋の近代の価値観というのは、まさに科学的な立場です。十七世紀以降、物理学とりわけニュートンの古典力学をモデルとして、今日の価値観ができあがってきています。ニュートンの数学と古典力学。デカルトの主客二元論。ベーコンによる科学的方法論による考え方です。それらは、物質をすべて「実在する物」として見ます。つまり、すべてを物として見ていくという考え方。物ですから、これは有無の見方です。有るとか無いとかと見ていく。すべてを実在する物として見ていく。科学的な見方というのは、すべてを対象化して見るわけです。対象化していくから物です。その物を分析して、数値化して、その数値を右肩上がりに引き伸ばしていくと幸福であると考えます。ですから、先ほどいいました「国民総生産（GDP）」とか

「国内総生産（GNP）」ですと、その数値を右肩上がりに引き伸ばしていくことが幸福だという感覚が出てくるのです。それによって、数値目標を作って経済発展をしていこうとするわけです。そして、物を豊かにしていくことが、幸福であると考えるのです。すべてを物として見ていきますから、すべての対象を客観的に見て分析して数値化し、そこから仮説を立てて、普遍的な法則を導くという手法、これが科学の考え方です。ですから、すべてを物として見て、有るか無いかを判断し、あるならばそれを右肩上がりにしていくという物の見方です。

たとえば、命もそうですね。命を科学で見ますと、数値で表せます。命を数値で表すと年齢です。そして、年齢を右肩上がりにしていくことが幸福であると考えてきたのです。ですから、長寿ほど幸福であると思ってきたわけです。今から二十年くらい前に、来たるべき高齢化社会に向かって「豊かな長寿社会を！」というスローガンがありました。現実は、実際に長寿になりましたが、皆さん幸福になりましたか。百歳まで生きたからといって、幸福だといえますか。百歳まで生きても、百五十歳まで生きるつもりだったのに、百歳で足腰が立たたないようになってしまって、「こんなはずではなかった」。命も物として科学の見方で見ますと、そのような見方になってきます。長ければ長いほど良い、多ければ多いほど良いというところに立って、数値目標をどんどん高めていっている。それが幸せだといいうるかどうかです。欲は無限です。

長寿社会になっても、それが幸せだとはいえないということがわかってきました。そうなると、そういう物の見方や考え方も絶対ではなかったとなるのです。今日「科学的方法論」というのは、「これは絶対だ」といいます。しかし、「科学的方法論」そのものが、絶対ではなかったのではないでしょうか。現実として、我々は、物は豊かにあるけれども、「これでよかった」「幸福だ」という実感が持てないわけです。そうすると、そういう科学的な物の見方や考え方、西洋的な「主客二元論」「科学的方法論」などが、やはり絶対ではなかったということでしょう。そこで、そのような見方と違った物の見方、それがじつは仏教にあるわけです。

◆大乗仏教の基本思想

私は、敢えてそれを「非科学」と呼んでいます。（田代俊孝著『ひと・ほとけ・いのち―非科学のいのち論―』自照社出版参照）。一般的には、科学的に証明できないものは信用に値しない。つまり、科学的な方法で説明がつかないものは怪しいとなります。ですから、「仏教は怪しい、宗教は怪しい」と、世の中の多くの人がそういっています。ところが、科学万能ではないのです。そういう物の見方に対して、異なった物の見方が「有無を離れる」という見方です。これは龍樹菩薩《りゅうじゅぼさつ》の「中道」という考え方によるものです。『正信偈』でいいますと、

龍樹大士世《りゅうじゅだいじ》に出《い》でて、ことごとく、よく有無《うむ》の見を摧破《ざいは》せん。

（龍樹大士出於世　悉能摧破有無見）　　　　（聖典二〇五頁）

と説かれています。

龍樹菩薩の仏教理解が、大乗仏教の根本です。ですから、龍樹菩薩は、「大乗の祖師」とか、「八宗の祖師」といわれています。『中論』を書かれていますが、その考え方は、「中道」とか、「中観」といわれています。龍樹菩薩の「中道」という考え方は、どのような考え方かといいますと、「真ん中の道」と書くものですから、両極の真ん中と皆さん思われるかもしれませんが、じつはこれは真ん中ではないのです。政治の「中道」は、右派と左派の真ん中ですけれど、仏教でいう「中道」は、右でもない、左でもない第三の立場です。「非」の立場です。第三の立場ということは、人間のはからいの捉われを離れた立場ということです。つまり、「空」という考え方です。龍樹菩薩の「中道」は、「空」という考え方です。「空」というのは、空っぽという意味ではないのです。

「色即是空」とか「色即空」といわれますが、この「色」というのは、景色ということです。目に映る物がすべて「色」なのです。それで、この目に映る物は即ち「空」であるといわれる。物が実体を持たないという考え方です。有無を離れているという考え方です。たとえば、ここに水差しがあります。私たちはここに水差しがあるというわけですけれども、これはじつは、認知の問題であって、そのように我々に認識されているだけかもしれません。もしかしたら無いかもしれません。すべては、意識自体を離れて対象化することで、有るとか無いとかいえる。ですから、本当には有るとか無いとかいえるものではない。それが「空」という考え方です。実体的な物の見方を離れるのです。

◆縁起の法

大乗仏教というのは、「空」という考え方を基本にしています。それで、それを親鸞聖人は、「有無を離れる」とか、「はからいの捉われを離れる」とかいわれているわけです。すべてが実在する物ではなくて、縁起の法の中にある。縁起とは、関係存在ということです。

たとえば、この私という存在も、皆さんはここに居るという物の見方をしておられますね。そして、私も、私という確固たるものが存在すると力むのです。しかし、私がここに居るということは、これはまさにご縁なのです。ご縁がなければ、私はここに居ないです。また、ご縁がなければ、私はこの娑婆に生まれてきていないわけです。父があり、母があり、祖父があり、祖母があって、連綿と続くご縁の連続によって命をいただいた。ところが、三歳か四歳になると、これは自分の命だといって、握ってしまうわけです。また、自分の命だから、死ぬことも自分の思い通りになると思っているわけです。ところが、死は思いがけずにやってくるわけです。ご縁によって、思いもよらずに私は死んでいくのです。思い通りにならないわけです。ですから、「こんなはずではなかった」といわなければならないのです。自分では生きるつもりだったのに、死ななければならなかった。つまり、私の存在そのもの、あるいはここに居るということも、すべてがご縁。縁起の法の中にあります。確固たる実体的な物としてあるわけではないのです。ですから、目に映る物が、即ち「空」である。実体的な物ではなく、確固たる物として存在するものでもなく、すべてが縁起。ご縁によって存在しているのです。

『歎異抄』に、

　つくべき縁《えん》あればともない、はなるべき縁あれば、はなるることのある

（聖典六二八～六二九頁）

という言葉があります。つくべき縁があればともない、離れるべき縁があれば離れていくのです。ところが、私の思いではそこに居たい、この娑婆に居たいと思うものですから、思い通りにならないものも頭で思い通りにしようと思っているから、苦しみになるわけです。プラスかマイナスか、良いか悪いかを物差しで測るわけです。そのような実体的な物の見方を離れていく、それが「中道」「有無を離れる」という考え方です。

「有無を離れる」ということを、別の言葉でいえば、物差しを離れるといってもいいのです。物差しを離れる。我々は、物差しを自分で作って、その物差しに捉われて苦しんでいるのです。物差しですべてを測って、よければ、増上慢や優越感にひたる。逆に悪ければ、卑下慢や劣等

感を抱えてしまう。そのように、優越感や劣等感に苛まれて、自分色に輝けない。それで、窮々としてストレスを作っているのです。

ブータンには、ストレスという言葉は無いそうです。それはそうでしょう。ストレスという言葉は、西洋から入ってきた言葉ですから、西洋の考え方です。日本にも、もともとストレスという言葉はありませんでした。ところが、今はストレスがもう日本語になっています。我々も、そういう考え方になってしまっていますから、日本人はストレスをたくさん作っているわけです。

二　捉われを離れる

◆あるがまま

ブータンの人は、物差しを離れていますから、長くてもよし、短くてもよし、あるがままです。「良い子、悪い子、普通の子」と、どこかで聞いたことがありますが、私たちが勝手にそのように決めているだけです。学校の勉強ができる子は良い子だ、あまりできないから悪い子だと。中くらいだと普通の子。通知表でも、五、四、三、二、一と決めている。そして、それに捉われて地獄を作っているのです。私は物差しを否定しているのではないのです。物差しに捉われてはいけない、それを絶対視してはいけないといっているだけです。物差しというのは、一つの手段です。そろばんの級があるから、三級、二級、一級と上達するのです。でも、この子は三級、二級、一級だということで測ってしまったら駄目です。我々は、物差しを作り、それを絶対化して、その人をそのように見てしまう。しかし、あれはそろばんの能力を引き出す一つの手段なのです。便法です。ですから、相対化しておかないといけないわけです。学校の通知表もそうです。五の子も、四の子も、三の子も、二の子も、一の子もいますけれど、それは知的能力を引き出すための一つの手段であって、それで人を裁いてしまっては駄目なのです。

若いお母さんが、母子手帳に載っている子どもの「成長曲線」に捉われて、その曲線より五十グラムでも体重が上だと、うちの子は成長して健康優良児だと得意気にいいます。逆に、五十グラムでも少ないと劣っている、だからもっとご飯を食べさせないといけないといって、必死に食べさせる。あれは、統計上の一つの目安のグラフですから、それに捉われたらノイローゼになります。数値を作ってその数値を絶対化して、日本中がストレス社会になってノイローゼになってきているのです。これは、西洋の考え方に立っているからです。西洋の考え方を続けていけば、とことんそうなってきます。

ところが、それはやはり絶対ではないのです。ですから、相対化しておかないといけない。「あの人は良い人だ」と、どうしていうのでしょうか。自分に親切にしてくれるから良い人だというのです。それとは逆に、自分につらく当たってくるから嫌いだと、自分の都合で決めているだけなのです。しかし、さまざまな物の見方がありますから、ひょっとしたら違うかもしれません。自分だけの一方的な物の見方を、絶対化しては駄目なのです。

ですから「中道」というのは、そういう物差しを離れる、捉われを離れると受け取っていただいていいと思います。そうすると、これはまさしく親鸞聖人の「自然法爾《じねんほうに》」の世界です。浄土真宗は、大乗仏教ですから、根底には龍樹菩薩の考え方があります。

◆チベット仏教とホスピス

私が、チベット仏教とはじめて出遇ったのは、アメリカに行っている時でした。一九九二年にアメリカのカリフォルニア州立大学に留学していました。その時にサンフランシスコの郊外に、カミングホームホスピスという仏教ホスピスがありました。当時、アメリカではそのような仏教ホスピスが二つも三つもできていたのです。そのころ日本では、やっと我々がビハーラといい出したころです。近代的仏教ホスピスは、アメリカのほうが早くできました。そのカミングホームホスピスというのは、精神医学者でもあるハーバード大学のラム・ダスという教授が作られました。教授は、「ダイイングプロジェクト」を立ち上げておられまして、全米でエイズの患者が多くなってきたという現実の中で、末期の患者をサポートするために仏教のホスピスを作ったのです。

その仏教ホスピスの考え方の基本は何かといえば、龍樹菩薩の「中道」でした。そこでは、仏教経典、特にチベット仏教の『バルド・トドゥル』という経典、これは『チベット死者の書』と翻訳されている経典ですが、その英訳経典を患者に読ませて、患者のサポートをしていたのです。もちろん、もちろん「中道」という龍樹菩薩の考え方も入ってきています。チベット仏教にも、もちろん、『大般涅槃経』などの大乗経典も、テキストにしておられました。ところが、一方では「転生」、つまり生まれ変わりということも大事にされています。ですから、死んでからも繋がっていると考えるわけです。そのために、ダライ・ラマの生まれ変わりが、次のダライ・ラマになると考えられているのです。ダライ・ラマに次ぐ高位は、パンチェン・ラマですが、パンチェン・ラマの生まれ変わりが、次のパンチェン・ラマになるわけです。生まれ変わりを探す時には、世界中を探すらしいです。ラマ教の専門的な調査員がいて、前の代のダライ・ラマのさまざまなことを知っている人が、生まれたての子どもの中から探すらしいのです。その辺は、ちょっと我々にはよくわからない世界です。したがって、今は触れないことにしておきます。

とにかく、その「ダイイングプロジェクト」の彼らは、チベット仏教を学ぶことを通して、「中道」という考え方に辿りついているわけです。チベット仏教によって、「中道」とか「空」

という大乗仏教の考え方を学ばれたのです。それによって生死の捉われを離れて、その苦を超えているのです。

◆捉われを離れる

じつは、ブータンの国民の満足感というものも、この大乗仏教の基本的な考え方である、「中道」「空」の考えに根ざしているものだということが見えてきたということです。

最初は皆さんも、不思議に思われたのではないでしょうか。ブータンでは、いうなれば日本の戦後のような暮らしをしているのに、なぜ国民の九十七パーセントの人が幸福だと感じているのだろうかと。我々のように、西洋的な価値観を絶対とする者にとっては、考えが及ばないわけです。しかし、今の話を聞いていただいていたら、徐々におわかりいただけたのではないでしょうか。物差しを離れているのです。物差しの捉われを離れたら、自分は自分なのです。長くてもよし、短くてもよし、多くてもよし、少なくてもよし。自分は自分だという受けとめ方ができるようになってきているわけなのです。

天親菩薩の『浄土論』を見ますと、「仏の本願力を観ずるに（観仏本願力）」（聖典一三七頁）とあります。この「観」というのは、思い浮かべるという意味です。親鸞聖人は、これを隠顕《おんけん》の両方で解釈されています。ですから、ただ観るという意味だけではなく、思い浮かべるという意味もあるのです。

親鸞聖人は『一念多念文意』で、

「観《かん》」は、願力《がんりき》をこころにうかべみるともうす、またしるということろなり。

（聖典五四三頁）

と、「願力を心に思い浮かべること」だと解説されています。願力を心に思い浮かべ、本願に出遇うことによって、

仏の本願力を観ずるに、遇うて空しく過ぐる者なし、能く速やかに功徳の大宝海を満足せしむ。

（観仏本願力　遇無空過者　能令速満足　功徳大宝海）

（聖典一三七頁）

と、空しく過ぎるものはなく、すみやかに功徳の大宝海を満足せしむと、満足の世界が与えられるのです。空しく過ぎるというのは、これは物差しに捉われているから、空しく過ぎるわけです。こんなはずではなかったと、空しく過ぎるというのは、物差しに捉われていて思い通りにいかないからです。ですから、物差しに捉われているかぎり、どこまでもそれを追い求めて、欲は無限ですから、満たされるという世界はないわけです。

ですから、事実をありのままに見て、捉われを離れたらあるがままです。捉われを離れたら、「自然」なのです。『末燈鈔』の「自然法爾章」には、

行者《ぎょうじゃ》のよからんともあしからんともおもわぬを、自然《じねん》とはもうすぞとききて候う。

（聖典六〇二頁）

と説かれています。良いとか悪いとか、プラスとかマイナスという捉われを離れたら、ありのままということです。捉われを離れたら、これで良しとなるのです。親鸞聖人は、『高僧和讃』で、

本願力にあいぬれば　むなしくすぐるひとぞなき
功徳の宝海《ほうかい》みちみちて　煩悩の濁水《じょくしい》へだてなし

（聖典四九〇頁）

と説かれています。

本願とは、大いなるはたらきです。その本願のはたらきは、科学の目では見えないのです。つまり、仏のはたらきは、科学の目では見えないのです。先ほど、私の誕生も思いを超えたもの、死もまた思いを超えたものだといいましたが、今日ここに私が立っていることも、思いを超えた出来事なのです。関係存在で、ご縁でここに居るだけです。その思いを超えるということを、仏教では「不可思議」、思議すべからずといいます。私がここに居ることを、科学的に説明せよといわれてもできません。ここに来るまでの方法は説明がつきます。東別院（名古屋）から連絡をいただいて、そしていわれた時間までに車に乗って、三重県の山の中からやって来たと、そういう方法はいえますね。ところが、どうしてここに私が居るのかということ自

体は説明がつかないのです。これはご縁です。私がここで講演するというのも、たまたま担当の方が、心に思い浮かべてくださり、声をかけてくださっただけの話ですから、まさしく思議すべからざることなのです。

◆思いを超えたもの

『歎異抄』の第十章に、

「念仏には無義をもって義とす。不可称不可説不可思議のゆえに」とおおせそうらいき。

（聖典六三〇頁）

とあります。「無義をもって義とす」というのは、はからいを離れる、物差しを離れるのです。「無義をもって義とす」と、義が二つ出てきますが、それは、「はからいなきをもって本義とする」ということです。本当に不思議なご縁です。完全に証明することはできない。その思いを超えたものを、思いの中に入れて、物差しを作って「ああだ、こうだ」といっているのが、我々の現実です。誕生も死も、思いを超えたもの。生まれてから今日まで、毎日思いがけないことの連続です。思いもよらずここに居るのです。思いを超えたこの大きな世界に居るにも拘らず、その中でいろいろな物差しを作って、良いとか悪いとか、上とか下とかいってストレスを作って、毎日あくせくしてノイローゼになりかかっているわけです。

気がついてみたら、大いなるはたらきの中に生かされていたのです。『西遊記』の孫悟空が、觔斗雲《きんとうん》に乗って三界を巡り回っても、最後は仏の大きな手の中に居たと気づきます。その仏の大きな手の中に居ながら、勝手に物差しを作って「ああでもない、こうでもない」と、良いとか悪いとか、上とか下とかいっている。なんか空しく思わないですか。お念仏というのは、そういう大きな世界を、私たちに気づかせようとするはたらきなのです。これは、賢い人にはわからないですよ。賢い人は、すぐ科学的に証明せよといわれます。「科学的方法論」では、説明がつかないのです。私がいう賢い人とは、科学を絶対と考えている人のことです。そのような賢い人には、こういう世界がわからないのです。ですから、みなさん愚かになりましょうね。そうしますと、「念仏には無義をもって義とす」という世界が開かれてきます。「不可称不可説不可思議のゆえに」と、自分の物差しの捉われを離れたら、比較する世界が消えていきます。そして、自分は自分だという世界が開けてきます。

三　空しく過ぐる者なし

◆その身に満足せしむ

『浄土論』に説かれている、

仏の本願力を観ずるに、遇うて空しく過ぐる者なし、能く速やかに功徳の大宝海を満足せしむ。

（観仏本願力　遇無空過者　能令速満足　功徳大宝海）

（聖典一三七頁）

について、親鸞聖人は『尊号真像銘文』で解説されています。

「観仏本願力　遇無空過者《ぐむくかしゃ》」というは、如来の本願力をみそなわすに、願力を信ずるひとはむなしく、ここにとどまらずとなり。「能令速満足　功徳大宝海」というは、能《のう》はよしという、令《りょう》はせしむという、速《そく》はすみやかにとしという、よく本願力を信楽《しんぎょう》する人は、すみやかにとく功徳の大宝海を信ずる人の、そのみに満足せしむるなり。

（聖典五一九頁）

「そのみに満足せしむるなり」というのは、自体に満足するということです。ですから、これは比較の話ではないのです。主体的に、「自分はこれで良し」と物差しを離れたら自然なのです。あるがままなのです。ですから、自体に満足する、その身に満足する。ブータンの人は、自体に満足しているのです。ブータンの人は、その身に満足しているわけです。これは我々の物の見方からすれば、そんなことでは発展がないのではないかとなります。しかし、その発展というのも、物差しによる物の見方です。ブータンの人は、発展を最善と思っていないわけです。発展もいいですが、自然な発展でいいのですよ。ブータンの人は、それを絶対とは思っていないわけです。急カーブを描いてグラフを右肩上がりに上げていこうとは思っていません。

ですから、ブータンに関する本を読んでいますと、いろいろな話が出てきます。電線を引くのに鳥の巣があったら、それを延期したとか、迂回して引いたとか、そんな話も出てきます。あるがままという感覚なのです。ですから、九十七パーセントの人が、主体的に自体に満足しているわけです。

『尊号真像銘文』には、

如来の本願力をみそなわすに、願力を信ずるひとはむなしく、ここにとどまらずとなり。

（聖典五一九頁）

とあります。「願力を信ずる」の「信ずる」というのは、力んで信じるという意味ではないのです。聞くということ、いただくということです。本願のはたらきをいただいた人は、本願のはたらきに目覚めた人は、空しく過ぎる者はない。「絶対無限の妙用」といってもいいです。私が仏の大きな手の中に居ることに気がついたら、長くてもよし、短くてもよしとなるのです。捉われを離れたら、自分は自分、これで良しという世界になる。ですから、まさにその本願に出遇うということは、そういう大きな世界、本願のはたらきに出遇うということです。

その本願の大きなはたらきの世界を阿弥陀といい、「無量寿」とか「無量光」と訳されるわけです。私の物差しが間に合わなかった。物差しがどうでもよかったのだとなるのです。

◆長生不死の神方

自分の持っていた物差しが間に合わなかったということに気がつくということを、曇鸞大師の事跡からいいますと、『正信偈』に出てきます、

三蔵流支《さんぞうるし》、浄教《じょうきょう》を授けしかば、仙経《せんぎょう》を焚焼《ぼんしょう》して楽邦《らくほう》に帰したまいき。

（三蔵流支授浄教　焚焼仙経帰楽邦）　（聖典二〇六頁）

というエピソードです。曇鸞大師が洛陽の都で、お経の翻訳の仕事をしておられた。ところが、病気になってしまわれた。どうしたらいいのかと、人生五十年を嘆いたわけです。それで、江南の陶弘景という仙人のところへ行って、不老長生の術を学ばれた。そして、「仙経」である『衆醮儀《しゅしょうぎ》』十巻をもらって、洛陽の都へ帰ってきました。そして、菩提流支三蔵に向かって、「この世の中に、この不老長生の術を説いた仙経に勝るものはないのではないか」といったのです。しかし、それに対して菩提流支三蔵に、「何をいっているのだ、あなたは命を長い短いで測っているけれども、それであなたの苦は超えていけたのか、三界を流転しているのに変わりはないではないか」と一喝されたわけです。思わずそう気づかされた曇鸞大師は、江南から持ってきた「仙経」を焼き払って、「楽邦」つまり浄土の教えに帰依されたというエピソードです。

これは、科学の力であなたは救われるのかという問いかけだと思っていただいて結構です。

たしかに、再生医療などの進歩はすばらしいものがあります。ですからそのうちに、私たちは死なない体を手に入れることになるかもしれません。しかし、三百年も四百年も生きないといけないとなったらどうしますか。これから百年も二百年も生きないといけないと思ったら、大変です。ちょうどいい頃合に死なせてもらえるのが、一番いいのではないですか。つまり、長寿を得たから満足か、長寿を得たから幸福かといえるかどうかということです。当初曇鸞大師は、自分の力で命を長くも短くもできると思っていたのです。

それでは、本当の長生きとはどういうことかというと、「信巻」の冒頭に、

大信心はすなわちこれ、長生不死《ちょうせいふし》の神方《しんぽう》、欣浄厭穢《ごんじょうえんえ》の妙術《みょうじゅつ》、

（聖典二一一頁）

といわれています。親鸞聖人は、大信心、つまり信心をいただくことが、長生不死の神方だといわれているのです。ここでいう長生不死というのは、実体的な物差しに捉われた長生きではないのです。むしろ、その物差しを離れたら、生も死もない、無生無死です。生きるとか死ぬという捉われを離れた世界です。そういう実体的な見方から離れることを、無生無死といいます。生もない死もない、これが本当の長生不死の神方なのです。

◆仏法の救い

長くても短くてもよし、プラスでもマイナスでもよし。仏法の救いというのは、そういう救

いです。『観無量寿経』に出てくる韋提希夫人が、どうして救われたかということでもいえます。韋提希夫人は、定善《じょうぜん》という難しい修行を必死になってやってきた。日想観、水想観、地想観をやってきた。そして、第七番目の華座観《けざかん》というところまできて、仏の台座を見つめて、瞑想する。しかし、韋提希夫人は、凡夫ですからもう私にはできないと頭を垂れた。そうしたら、

仏、当に汝がために、苦悩を除く法を分別し解説したまうべし。（聖典一〇〇～一〇一頁）

という釈尊の声がしたのです。それで、ふと頭をあげたら、空中に阿弥陀仏が立っておられた。ちなみに、浄土真宗の御本尊の阿弥陀仏のお像は、来迎仏ではなく『観無量寿経』の第九真身観の空中住立の阿弥陀仏です。

その「苦悩を除く法」を聞いた韋提希夫人は、

この語《ことば》を説きたまう時に、韋提希《いだいけ》、五百の侍女《じにょ》と、仏の所説を聞きて、時に応じてすなわち極楽世界の広長の相を見たてまつる。（中略）廓然《かくねん》として大きに悟《さと》りて、無生《むしょうにん》忍を得《う》。

（聖典一二一頁）

と無生忍を得るのです。「忍」は覚りです、これは無生無死。つまり、実体的な命の見方や、捉われを離れた生死ということです。有るとか無いとか、長いとか短いとか、良いとか悪いという捉われを離れる。「廓然として大きに悟りて、無生忍を得」。その「無生忍」に親鸞聖人は、「ふたいのくらゐとまふすなり、かならず仏になるべきみとなるなり」（『定本親鸞聖人全集』二、

和讃篇七一頁）と左訓をふっておられます。つまり、現生に仏になるということが定まった人、必ず仏となるべき身、これが正定聚です。つまり、親鸞聖人がいわれる信心獲得というのは、その捉われを離れるということです。長い命が良くて、短い命が駄目と誰が決めたのですか。若死にした人はみんな駄目な人だったのでしょうか。長生きすれば幸せですか。ただただ、三界を流転していることに変わりはないのではないですか。そういう捉われを離れるということが、苦を超えていく道だと、こういわれているわけです。

◆生死は亀毛のごとし

曇鸞大師は、

凡夫《ぼんぶ》の所見の実《じつ》の生死《しょうじ》のごとし。この所見の事、畢竟《ひっきょう》じて有《あ》らゆることなけん。亀毛《きもう》のごとし、虚空のごとしと。（「行巻」聖典一六九頁）

と、実の生死を「亀毛のごとし」と譬えておられるのです。亀毛というのは、亀の毛です。皆さん、亀の毛をご覧になったことがありますか。多分ないと思います。なぜなら、亀に毛は生えていません。ところが、おめでたい掛け軸を見ると、鶴と亀が描いてありまして、亀に毛がふさふさ書いてあります。あれを毛だと思いますよね。ところが違います。亀は長生きしますから、長寿のシンボルとして描いてあるわけです。長生きする亀は甲羅に藻がついていて、毛のように見えるのです。ですからあれは、藻なのです。ないものを勝手にあるように思うことを、「亀毛のごとし」というのです。亀には本来毛は無いのに、勝手にあるように思う。毛があるという実体的な見方をしているわけです。そういう捉われを離れる、それが「有無を離れる」ということです。無いものを有るように思って、捉われているから、当てが外れて「こんなはずではなかった」といわないといけないのです。曇鸞大師の『浄土論註』の中に、無生無死を説明するのに二つのことがいわれています。一つは、生死は「亀毛のごとし」といわれています。

　そして、もう一つは、

　　因縁の義なるがゆえに、仮に生《しょう》と名づく。凡夫の、実《じつ》の衆生・実の生死《しょうじ》ありと謂《おも》うがごときにはあらざるなり。（『行巻』聖典一六九頁）

と「因縁無生」という説明をされているのです。確固たる私がここにあるのではない。ご縁であり、因縁によって存在しているのだということです。関係性によってここに私が居るだけです。

　しかし、私たちは西洋的な価値観を持っていますから、捉われて、すぐに握り締めようとするわけです。その握り締めよう握り締めようとすることが、苦しみになるわけです。その握り締めようとする思いのところに、「握るな」というと、余計に握ってしまうのです。北風と太陽みたいなものです。自分の内側からそういうことがわかってくると手が離れる。

そういう考え方を精神医学のセラピーに応用したのが、森田正馬《まさたけ》氏の「森田療法」とか、岸本鎌一氏の「自覚的精神療法」です。私は、仏教をセラピーのように利用するのは嫌いなのですが、そういう療法があります。森田正馬《まさたけ》さんの「森田療法」は、捉われを離れることによって、ストレスから解放していくという療法です。しかし、仏教は療法ではないのですから、それを療法としてしまうと、仏教が歪んでいきます。しかし、科学者の中には、そのように利用する人もいます。ともかく、物事に対する捉われを離れる、「有無を離れる」という立場によっています。

「有無を離れる」という物の見方、考え方を、どこで私たちは気づかされるかといえば、それは生死の問題を考えるときなのです。「死を見つめよう」というのですけれど、「どう見つめたらいいのか」となります。それは、「自分の死を考える」ということです。他人の死なら、三人称として見て、対象化して見ていますから、わからないのです。自分の死を考える。自分の死を考えたら、不思議です。「不可称不可説不可思議」という言葉があります。だいたい、ここにいること自体が不思議です。生まれてから今日まで、いつ死んでも不思議ではなかったのです。しかし、自分の死を考えても、頭では明日もある来年もあると思っているのです。ところが、事実は、されば朝《あした》には紅顔《こうがん》ありて夕《ゆう》べには白骨《はっこつ》となれる身なり。

（『御文』聖典八四二頁）

といわれるように、いつ命を終えるかわからないものなのです。このように、自分の死を見たら、考えたら、命が思い通りになるものではないということがわかってきます。思いがけずに死はやってくるのです。思いがけず死んでいくのだとよくいわれます。ところが、賢い人は思い通りになると思っているのです。科学の目で見れば思い通りになる。思い通りに説明してくれると思っているのです。

◆映画『おくりびと』

そのことを一番よく教えてくれたのが、『おくりびと』という映画でした。青木新門さんが書かれた『納棺夫日記』が原案になっているそうです。青木さんは、映画のシナリオができてきた時に、『納棺夫日記』にある『正信偈』の話がシナリオでは抜けていたので、原作者として名前を出すことを断ったそうです。しかし、あの映画では、監督の滝田洋二郎さんが、真宗のいのち観をうまく映像で表現しておられました。とくに、最後の場面です。

幼い時に自分たちを捨てて蒸発してしまった父親が、亡くなったという連絡が入った。主人公は、そこへ「俺は行かない」と力んでいうのです。ところが、妻が「行こう」という。葬儀屋の社長は、車の鍵とお棺一個を指さして、「これを持っていけ」というのです。そして、岩手県の小さな漁協の一室で、父親の亡骸と父親の身の周りの物が入ったダンボール一個とがあり、それに対面することになる。そこへ市役所の職員の方が来られて、事務的に遺体を処理しようとした。そうしたら、主人公が、「私は納棺師」だといってそれを制して、納棺をする場面で映画は終わっているのです。最後のメッセージは、身近な人の死を通して、「自分の死を考えよう」ということなのです。人の死なら、かわいそうに、お気の毒にで済みます。しかし、身近な人の死であればあるほど、より自分のこととして考えられます。

自分の死というのは、一人称の死です。自分の死を考えると、生まれてから今日まで、いつ死んでも不思議ではない私が、今生きていることが不思議に思えてきます。また、明日も私の命はあると思っていますが、「朝に紅顔ありて夕べに白骨となる」命であることが知らされます。さらに、生死は思いを超えたものであると知らされます。誕生も思いを超えたもの、死も思いを超えたもの、また、日々の営みも思いを超えたものである。「不可称不可説不可思議」です。その思いを超えたものを、思い通りにしようとするから苦しむのであって、それが思いを超えたものだということをそこから実感する。つまり、思い通りになるという「我」が破れるということなのです。ですから、あの映画は、最後にそのことをメッセージとして訴えて終わっています。それがシナリオではなく、台詞でなく、映像で表現されたのです。ですから、外国の人にもよくわかったのです。それで外国の大きな映画の賞をもらったのでしょう。

◆わが信念

最後にそのことを、清沢満之先生の『我が信念』の言葉で確認したいと思います。

如来の能力は無限である。如来の能力は無上である。如来の能力は一切の場合に遍満してある。如来の能力は十方に亘りて、自由自在無障無礙に活動し給ふ。私は此の如来の威神力に寄托して、大安楽と大平穏とを得ることである。私は私の死生の大事を此の如来に寄托して、少しも不安や不平を感ずることがない。「死生命あり、富貴天にあり」と云ふことがある。私の信ずる如来は、此の天と命との根本本体である。

（『我が信念』『清沢満之全集』第六巻、一六四頁）

四十一歳で亡くなっていかれた清沢先生が、この如来の威神力に寄托して、本願に乗託したら、少しの不平や不安もないといわれているのです。そして、

生死は固《もと》より、是れ物化の自然の法。我が精神は快く此の自然の法に従ひて、満足するという決着にいたるのである。（『精神界』所収「真正の独立」『清沢満之全集』第六巻、七二頁）

ともいわれます。自然の法に気がついたら、四十一歳は四十一歳でよし。百歳は百歳でいいのです。

これがじつは、仏法の出遇いなのです。つまりそこでは、その自然の法に従うというところで、我が砕かれているのです。思い通りになる、自分の意のままになるという我が砕かれて、

はじめて自然に乗託できるわけです。

最後にもう一言だけ、自然というと、「ああそうだ、自然体でいいのですね」という人がありますが、自然体というのは、「わがまま」です。今いっているのは、「あるがまま」です。あるがままというのは、無我の世界です。自分の死を見たら、百歳まで生きるつもりだったのにという、思い通りになると思っていた我が砕かれますよね。そういう我が砕かれてきた時に、一切を縁起の法のままとして、その法に気づいた時に一切を「これで良し」と受けとめていけるのです。

そんなことをいうと、発展性がないといわれるかもしれないですね。けれども、それは三界を流転していることになるのでしょう。ですから、仏法というのは、状況を変えて、そして「国民総生産（GDP）」とか「国内総生産（GNP）」に捉われて、物を豊かにすることによって満足するという話ではないのです。こちらの身が翻されることによって、我が砕かれるという自己否定です。我が砕かれるというその体験によって、事実を事実のままに受けとめていけるように、こちらの身が変わっていくものなのです。そういう自己肯定です。それが仏法の救いなのです。文字どおり仏教体験です。

ブータンの人たちは、仏教が国教ですから、日本でいえば聖徳太子の時代みたいなものです。教育も政治の考え方も、すべて仏教の精神でされているわけです。ですから、自然とそういう形で、あらわれてきているのだろうと思います。

今、ブータンの政府のフェローをされている御手洗瑞子さんの著書（御手洗瑞子著『ブータン、これでいいのだ』新潮社）の中で、少し仏教に触れたところがありました。ブータンの人が、「これでいいのだ」という考え方をしているというところです。まさに、有無の捉われを離れるというところに立った時に、あるがままをあるがままに受けとめていける、「これでいいのだ」という世界が開かれるのです。

私たち自身が、西洋的な価値観の中で生活をしていますから、死ぬ時には大変苦しまなければならないと思いますけれど、仏法のご縁をいただき、その捉われを離れて、これで良かったという生涯が最後におくれたらいいですよね。そういう出遇いを早くしないといけません。より一層ご聴聞いただければと思います。

三、摂取の光に包まれて、死の不安を超える
―ビハーラ運動の目指すもの―

一　生と死の問題

◆臨終来迎と臨終の行儀

真宗のビハーラの理念は、いかに宗教的に救われていくか、つまり、往生ということがその核心です。その往生ということですが、平安時代の浄土教や今日の浄土宗などでは、臨終の「来迎往生」ということを大切にしています。それに対し、親鸞聖人は『末燈鈔』で、

真実信心の行人《ぎょうにん》は、摂取不捨《せっしゅふしゃ》のゆえに、正定聚《しょうじょうじゅ》のくらいに住す。このゆえに、臨終《りんじゅう》まつことなし、来迎《らいこう》たのむことなし。信心のさだまるとき、往生またさだまるなり。

（聖典六〇〇頁）

と、臨終来迎による往生を明らかに否定し、現生において救いが定まるという意味で「現生正定聚」を説かれています。そのことは、私自身のライフワークにしています「生と死の問題」

の基本になるところです。そこで、真実信心による救いの具体的な姿として、生死を超えるということについて考えてみたいと思います。

この「死」という問題ですと、最近大変話題になったものがあります。映画『おくりびと』です。これまでの死をテーマにした映画と、『おくりびと』とでは、明らかに質が違います。これまでの死をテーマした映画というのは、ホラーとかオカルトのようなものでした。あるいは、文学作品でも『雨月物語』などのように、何か死後の世界を描いて、その世界からこの世へかかわりを持ってくる。そこで奇怪な現象が起きるとか、そのような死というものの受けとめ方によるものでした。

それに対して、『おくりびと』は違う視点で映画というものが作られています。この映画には、やはり一つの哲学がありました。それが世界の人々に評価されたのだろうと思います。その哲学的な世界というのは、一つは親鸞聖人の死生観、生命観といいますか、そういったものに基づいていると思います。前章でも述べましたが、たとえば、映画の最後の場面です。主人公の小林大悟が、幼い時に彼を捨てていった父親の納棺をするところで、この映画は終わっています。そこには身近な人の死を、自分の死と受けとめ、今自分の死を考えようというメッセージがあります。臨終ではなく現在です。

臨終来迎ということは、たとえば『無量寿経』の三輩段のところなどでは、この功徳を具すること、一日乃至《ないし》七日して、すなわち往生を得《う》。かの国に生ずる時、この人精進勇猛《しょうじんゆみょう》なるがゆえに、阿弥陀如来、観世音《かんぜおん》・大勢至《だいせいし》・無数《むしゅ》の化仏《けぶつ》・百千の比丘《びく》・声《しょう》聞大衆《もんだいしゅう》・無数《むしゅ》の諸天・七宝の宮殿《くでん》と、観世音菩薩、金剛台を執《と》りて、大勢至菩薩と行者の前に至る。阿弥陀仏、大光明を放ちて行者の身を照らしたまう。もろもろの菩薩と手《みて》を授《さず》けて迎接《こうしょう》す。

（聖典一一二～一一三頁）

と説かれています。亡くなった人が生前に徳を積んでおけば、たくさんの仏、菩薩がおいでになって、その人を極楽浄土に迎えるということです。「もろもろの菩薩と手を授けて迎接す」とされているわけです。

　こういったことが、浄土教信仰として、とくに中国から伝わってきているわけです。そのことを日本で一番強く主張されたのが、源信僧都の『往生要集』です。

運心年深き者は、命終の時に臨みて、大なる喜自ら生ず。然る所以は、弥陀如来、本願を以ての故に、諸の菩薩、百千の比丘衆と与に、大光明を放ちて、皓然として目の前に在り。時に大悲の観世音は、百福荘厳の手を申べ、宝蓮台を擎げて、行者の前に至りたまい、大勢至菩薩は、無量の聖衆と与に、同時に讃嘆し、手を授けて引接したまう。是の時に行者、目のあたり自らこれを見て、心中に歓喜し、身心安楽なること禅定に入るが如し。当に知るべし。

（真聖全一、七五八頁）

徳を積んでいた人は、阿弥陀仏ともろもろの菩薩方が迎えに来てくださって、喜びの中で浄土へ連れていってもらえるということです。このようにして、

一念の頃《あいだ》に、西方の極楽世界に生ずることを得ん。

（真聖全一、七五八頁）

と浄土に往生するのが、臨終来迎による往生です。

そして、そのための臨終行儀《ぎょうぎ》というものも、『往生要集』には書かれています。亡くなっていく時の作法が書いてあるわけです。頭北面西右脇にして、仏さまから五色の糸を引っ張って亡くなっていく人に持たせるといったことです。

◆死後を祈る浄土教信仰

さらに、『往生要集』では、善導大師の文章を引用されて、

導和尚云く。「行者等、若しは病み病まざらんも、命終らんと欲する時は、もっぱら上の念仏三昧の法に依りて、正しく身心に当てて、面を回らして西に向け、心もまた専注して、阿弥陀仏を観想し心口相応して声声絶ゆることなく、決定して往生の想、花台の聖衆来りて迎接するの想を作せ。（中略）願わくは行者等、好く自ら謹慎して仏教を奉持し、同じく見仏の因縁を作せと。」

（真聖全一、八五四～八五五頁）

こういったことを善導大師も説かれていて、そのことを源信僧都はこと細かにお示しになって

おられます。これが日本の阿弥陀信仰というものを基礎づけてきたわけです。

ですから、阿弥陀信仰というと、一般的には死後を祈るものだとか、仏のお迎えにあずかって死後に極楽世界に行くものだと、ほとんどの人が思っています。今でもそうですね。親鸞聖人の時代もそうだったのです。それで親鸞聖人が難儀されて、「違うよ」といわれたのです。ですから、親鸞聖人は、九字名号、十字名号を用いられたのです。六字の名号でもいいのだけれども、それには、そういった死後を祈る呪術的なもの、善根功徳を積む手段、あるいは滅罪を祈るものとしての意味合いが付着している。それを取り払うために、「南無不可思議光如来」「帰命尽十方無碍光如来」という、九字名号、十字名号を用いられて、そうではないということを示そうとされたのです。蓮如上人の時代もそうなのです。念仏といったら、そんなふうに誤解されている。そのために蓮如上人は、『御文』の中で、

「南無阿弥陀仏」の六《む》つの字のこころをよくしりたるをもって、信心決定《けつじょう》すとはいうなり。

（聖典八三八頁）

というように、「六字のこころ」を尋ねてください、「六字のいわれ」を聞いてくださいということを、一所懸命に示しくださっているわけなのです。

ともあれ、『往生要集』の中で示された一つの死後救済というあり方というのは、日本の浄土教、ひいては日本の仏教そのものを方向づけてきたわけなのです。

それは、比叡山の天台宗のお坊さんだけではなくて、当時は民間にも広まっていました。藤原一族の盛衰を描いた『栄華物語』等には、藤原道長や藤原頼通が、法勝寺や平等院を建てて、臨終来迎を願って「糸引き往生」をしたことが、事細かに記されています。また数年前に京都で生と死の問題についてシンポジウムをしたことがありましたが、その時に、京都大学の遺伝学の先生がご一緒でした。その先生が、「うちには二枚折の屏風があって、そこに来迎仏が描いてあって、仏さまの手のところに、ひもが垂らしてあるんですよ」と、先祖代々誰かが亡くなった時には枕元にその屏風を立てて、その糸を持たせたということをいっておられました。そうまさに「糸引き往生」が残っていたのです。さすがに京都だなということを感じました。そういうことが伝わっているのですね。

また、愛知県でも一部の地域では、昔からの習俗があって、住職が枕経をすませて帰られた後に、二十五人ぐらいが集まって数珠を繰りながら念仏を唱えるという習慣が残っています。これは、臨終来迎を祈る「二十五三昧会」が一つの習俗になったものです。無常講とか迎《むかえ》講と呼ばれています。

ですから、『往生要集』の臨終来迎というのは、当時の比叡山の天台宗のお坊さんの中だけではなくて、民間にもずっと広がっていたのだろうと思うのです。当時、流行病、コレラで日本の人口が半分以下になったということもいわれていますけれども、そういう状況の中で身内の者が次々と亡くなっていく。そういう死の恐怖に迫られて、どうしたらいいのかという中で、この世ではもうだめだと。だから、生前に一所懸命善いことをして徳を積んで、臨終の時に仏のお迎えにあずかり、そして極楽浄土、死後の安楽なる世界に行くということを願うということが、ずっと広まっていったのでしょうね。そういったことは、非常にわかりやすい話です。

しかも、その中に、

臨終の一念は百年の業に勝る。（『往生要集』真聖全一、八五九頁）

とまで書いてあります。ですからいよいよ、こういったことがなされていったわけです。

心を阿弥陀仏に向けて、浄土に往生する。臨終の一念に徳が凝縮されて、奇瑞が起きて、お迎えにあずかる。それを容易にするためには、平生から繰り返し不断念仏を唱えて徳を積む。念仏信仰というのは、ずっと今日に至るまで、私たちの心の中にそういったかたちのものを思い起こさせながらなされてきたのです。

二　臨終来迎を願う心を超える摂取不捨

◆来迎の意味を変える

臨終来迎を望むということが、浄土教の歴史の中で長く続いてきたのですが、そういった状況に対して、いくつかの疑問がわいてきたのです。一つは、臨終の時に正念を得て、仏の来迎にあずかるというのですが、臨終の時に正念を得るというようなことができるのか。どんな死に方をするかわからないじゃないか。だから念仏三昧をして、花を散らし、香をたき、五色の糸を引いて、そして正念を得る。そんな死に方ができるのですか。そんなことをして死のうと思ったら、こんなところをうろうろ歩いていたらだめですよね。いつ交通事故に遭うかもわからない。ですから、はたしてそんなことができるのかどうかという疑問が一つあります。

二つには、死後に何日間か経て、しかる後に極楽浄土へ往生する。これは死後の世界のことで、亡くなってから正定聚の位について、そしてその後に成仏して極楽世界へ行くということで、死後を実体視したような受けとめ方になります。そういうことが、果してあるのか。そういうようにいわれたら、みなさんどう思いますか。他界思想とか霊界思想というのがありますね。そういう死後の実体的世界を信じられますか。それは、まあいわれても確かめるわけにはいかないしね。ですから、そういう死後観といいますか、実体的なものが信じられるかどうかという問題です。それが本当の救済になっていくのかどうかという問題です。

三つには、生前に徳を積んで、臨終の時に仏の迎えにあずかる。しかしそんな徳が積めるのですか。まあ賢い人は積めるかもしれませんが、凡夫がそのように頑張って、自力で徳が積めるのかどうかという問題です。

こういう疑問を持たれたのが法然上人なのです。法然上人は、源信僧都から非常に多くのことを学んでおられます。ところが、『往生要集』では臨終来迎ということがいわれているけれども、法然上人がお書きになった代表的な著書である『選択《せんじゃく》本願念仏集』では、臨終来迎については引用文こそあれ、私釈の中ではそんなに積極的に説いてはおられません。『選択集』の第七章に「摂取章」というのがあります。本来ならば従来の念仏理解によって救われる世界でしたら、来迎のことを書いて「来迎章」といえばいいのに、法然上人は「摂取章」といわれているのです。来迎についての引文は、法然上人はたくさんなさっているのですけれども、私釈のところでは、その来迎のことは全然いわれていないのです。そして表題は、来迎とはいわないで、摂取といわれています。

来迎といいますと、衆生のほうから阿弥陀仏に向かって近い縁を持ちましょうということです。親縁、近縁、増上縁といって、衆生のほうから、仏に対して徳を積んでご縁を持っていきましょうというのが、この来迎の考え方なのです。ところが、法然上人は『選択集』の中で、この考え方を逆にされて、仏からの増上縁を説かれる。仏のほうから衆生にはたらきかけてくるご縁として、親縁、近縁、増上縁を説かれます。とくに、本願によるところの増上縁ということを、『選択集』の中ではいわれているのです。

このように、一つには、臨終の時に正念が得られるかどうか。二つには、死後を実体視するような死後観で、本当に救われるのかどうか。そして三つには、自力で徳が積めるのかどうか。こういう三つの疑問を持たれたのが法然上人だったのです。そして、法然上人は、そのようなことは賢い人はできるかもしれないが、凡夫にはそういうことはできないということで、来迎といわれないで摂取といわれたのです。仏からのご縁と受けとめておられるということです。そういう法然上人の教えを受けられたのが、親鸞聖人です。親鸞聖人の基本的な立場はどうかといいますと、『末燈鈔』の中に、こういう文章があります。

来迎《らいこう》は諸行《しょぎょう》往生にあり。自力の行者なるがゆえに。臨終ということは、諸行往生のひとにいうべし。いまだ、真実の信心をえざるがゆえなり。また、十悪五逆《じゅうあくごぎゃく》の罪人の、はじめて善知識《ぜんじしき》におうて、すすめらるるときにいうことばなり。真実信心の行人は、摂取不捨《せっしゅふしゃ》のゆえに、正定聚《しょうじょうじゅ》のくらいに住す。このゆえに、臨終まつことなし、来迎たのむことなし。信心のさだまるとき、往生またさだまるなり。来迎の儀式をまたず。正念《しょうねん》というは、本弘誓願《ほんぐぜいがん》の信楽《しんぎょう》さだまるをいうなり。この信心うるゆえに、かならず無上涅槃《むじょうねはん》にいたるなり。

（聖典六〇〇頁）

親鸞聖人は、この『末燈鈔』の第一通で、来迎ということは諸行往生ですから、いろいろな修行をして、自力の徳を積んでやっていく人のいうことであって、念仏の立場ではないのですよと確認しておられる。第十九願の立場です。念仏の人は、そんな徳を積めるわけがない。だから念仏に憑むのだと。「真実信心の行人は、摂取不捨のゆえに、正定聚のくらいに住す」。ですから「臨終まつことなし、来迎たのむことなし」といわれます。

「臨終まつことなし」という臨終とは、死の瞬間です。臨終の正念を得るとか、「臨終の一念は百年の業に勝る」というけれども、臨終を待つことがないということは、「今」ということですね。死んでからではない、死ぬ瞬間の問題ではないのですよ。今の問題であり、親鸞聖人の言葉では「現生」、あるいは「平生」ということです。

それから、「来迎たのむことなし」。死後の仏のお迎えを受けるということが、はたして本当の救いになるのかどうか。なるわけがないじゃないですか。では、どういう意味で来迎ということをいわれるのかというと、親鸞聖人は『唯信鈔文意』で、来迎という言葉を次のように解釈しておられます。

> 「来迎《らいこう》」というは、「来」は、浄土へきたらしむという。これすなわち若不《にゃくふ》生者《しょうじゃ》のちかいをあらわす御《み》のりなり。穢土《えど》をすてて、真実報土にきたらしむとなり。すなわち他力をあらわす御《み》ことなり。また「来」は、かえるという。かえるというは、願海《がんかい》にいりぬるによりて、かならず大涅《だいね》槃《はん》にいたるを、法性《ほっしょう》のみやこへかえるともうすなり。（聖典五四九頁）

さらに「総迎来」の解釈の中で、

「迎《こう》」は、むかうるという、まつという。他力をあらわすこころなり。「来」は、かえるという、きたらしむという。法性《ほっしょう》のみやこへ、むかえいて、きたらしめ、かえらしむという。法性のみやこより、衆生《しゅじょう》利益《りやく》のために、この娑婆界《しゃばかい》にきたるゆえに、「来」をきたるというなり。（聖典五五一頁）

といわれます。来迎を他力として解釈されているのです。衆生が徳を積んで、仏のお迎えにあずかるという、自力を積む立場ではなくて、仏のほうから摂取して、迎えてくださるのですよと。これを「法性のみやこへかえる」といわれ、さらには、法性のみやこから、衆生の生死海へ還らしむるといわれる。それを普賢の徳、還相回向の利益だと、親鸞聖人はいわれるのです。

法性のみやこというは、法身ともうす如来の、さとりを自然にひらくときを、みやこへかえるというなり。（中略）このさとりをうれば、すなわち大慈大悲きわまりて、生死海《しょうじかい》にかえりいりて、普賢《ふげん》の徳に帰《き》せしむともうす。この利益《りやく》におもむくを、「来」という。これを法性のみやこへかえるともうすなり。「迎《こう》」というは、むかえたまうという、まつというこころなり。（聖典五四九頁）

ですから、

法性《ほっしょう》のみやこより、衆生《しゅじょう》利益《りやく》のために、この娑婆界《しゃばかい》にきたるゆえに、「来」をきたるというなり。法性のさとりをひらくゆえに、「来」をかえるというなり。（聖典五五一頁）

といわれるのです。これはどういうことかといいますと、生前に徳を積んで、あるいは臨終に正念を得て仏のお迎えを期待する。そういう自力の立場に対して、親鸞聖人は、私たちは凡夫だから、そんなことはできないといわれる。ですから、仏のほうから衆生のところに現れてくださる、それを「法性のみやこへかえる」という。つまり、自力ではなくて他力の意味でこれを解釈しておられるわけです。これが「摂取」ということなのです。そして、法性のみやこへかえった者は、さらに、衆生の世界、つまり娑婆世界へかえってきて、人々を利他教化するのだということです。もちろん、一度死んだ人が生き返って娑婆界ではたらくということではありません。信心獲得して救われた人の「証」が、「よきひと」「諸仏」として娑婆界の人に利他教化のはたらきをするということです。

◆摂取してすてざれば

『浄土和讃』に、

十方《じっぽう》微塵《みじん》世界の　　念仏の衆生をみそなわし
摂取《せっしゅ》してすてざれば　　阿弥陀となづけたてまつる

（聖典四八六頁）

とあります。阿弥陀仏というのは、「摂取して捨てない」のを阿弥陀仏というのだと説かれています。衆生が徳を積もうが積むまいが、そんな自力に関係なしに、仏のほうから現れて来て、摂め取って捨てない。さらに、「国宝本」には、ここには左訓が付いていまして、「せふはおさ

めとる　しゆはむかへとる」、「せふはもののにくるをおわえとるなり」（『定本親鸞聖人全集』第二巻、和讃篇五一頁）と書いてあるのです。「もののにくる」ということは、仏法に背いているということです。私は善根を積んで一所懸命仏のほうに向かっていますよということではなくて、私は仏法に背いていました、罪悪深重の私でしたと悪を自覚した人、それを「もののにくる」といい、そんな極重悪人の私でしたと自覚をした人こそ、救われていくということなのです。それを摂取不捨という言葉で、親鸞聖人はいわれているのです。蓮如上人も、

摂取《せっしゅ》と云《い》うは、にぐる者をとらえておきたまうようなることと、ここにて思い付きけり。

（『蓮如上人御一代記聞書』聖典八九三頁）

というように、親鸞聖人と同じ解釈をしておられます。

それは、いってみれば、衆生のほうからすれば「義なきをもって義とす」ということです。はからいなきをもって本義とする。本願に乗托して、はからいを離れたのですから。善いとか悪いとか、上とか下とか、頑張るとか頑張らないとかは関係ない。つまり、自然ということなのです。

行者《ぎょうじゃ》のよからんともあしからんともおもわぬを、自然《じねん》とはもうすぞとききてそうろう。

（『正像末和讃』聖典五一一頁）

死を見つめると、我々は自分で力んで、自分の力で長くもできる、短くもできる、ああもで

きる、こうもできると思っていますね。ところが、それでは自分の力で生まれてきたのか、自分の力で思い通りに死んでいけるのかというと、そんなことはないですね。誕生も思いを超えたもの、死も思いを超えたもの、日々の営みも思いを超えたものです。思いを超えた大きな本願のはたらきの中に生かされているということに気がついたら、頑張ることはいらないじゃないですか。長くてもよし、短くてもよし。男もよし、女もよし。一切が自然ですよ。捉われを離れた時に、そのまま、その事実を事実のままで、「よし」と受けとめていける世界です。それが本願を信じる人がいただく摂取不捨の世界です。

『正像末和讃』に、

弥陀の本願信ずべし　本願信ずるひとはみな
摂取不捨《せっしゅふしゃ》の利益《りやく》にて　無上覚《むじょうかく》をばさとるなり
（聖典五〇〇頁）

とあります。摂取不捨の世界は、仏の大きな手の中に摂め取られていくのです。ですから、頑張ることはいらないのです。どうして私たちは頑張っているかというと、はからいがあるから頑張っているわけです。ですから自力で徳を積んで、どうだこうだという。素晴らしい死に方をしよう、死後に安楽なる世界へ行こう、仏のお迎えにあずかろうと、そう力んでいるわけです。本願の御手に生かされたら、そのこと自体が、もうどうでもいいのですよ。大きな本願の御手の中に生かされていた。そのはたらきの中に居た。その手の中で、長いとか短いとか、善いとか悪いとか、上とか下とか、死に方の善し悪しという。どうだこうだといっている、それが苦しみの原因です。

親鸞聖人は、

善信が身には、臨終の善悪をばもうさず、（『末燈鈔』聖典六〇三頁）

といわれています。善いも悪いもないのだ、あるがままでいいのだといわれるのです。また、

念仏には無義をもって義とす。不可称不可説不可思議のゆえに（『歎異抄』聖典六三〇頁）

といわれます。ところが、この思議を超えているということが、頭でっかちになった現代人にはわからないのです。はからいの世界にばかり立つものですから。

三　生死を超える

◆死を問う「今」

善導大師の『往生礼讃』に、

前念に命終して、後念に即ち彼の国に生まれて、（前念命終後念即生彼国）（真聖全一、六五二頁）

という言葉があります。前の念仏で命を終えて、後の念仏でお浄土に生まれるのだという意味

の言葉です。善導大師においては、もともとは臨終の時のことを指した言葉だったと思います。前の念仏で命を終えて、後の念仏で死後に浄土に生まれるという意味だったのでしょう。それを親鸞聖人は、『愚禿鈔』で、

　本願を信受するは、前念命終《ぜんねんみょうじゅう》なり。「すなわち正定聚《しょうじょうじゅ》の数に入る」（論註）文
　「即の時必定《ときひつじょう》に入る」（十住論）文
　「また必定の菩薩《ぼさつ》と名づくるなり」（十住論意）文
即得往生《そくとくおうじょう》は、後念即生《そくしょう》なり。他力金剛心なり、知るべし。
（聖典四三〇頁）

といっておられるのです。「本願を信受するは、前念命終なり」。本願を信受するということは、自力が破れるということです。「即得往生は、後念即生なり」というのは、自力に死して、他力に生まれるということ。ですから、信心をいただいた時、つまり本願に生かされているということに気がついた時に、自力が破れて、そっくりそのまま他力に即生する。大きな御手の中に生かされていたということに気づかされる。それを、「即の時」といわれています。その時点というのは現生正定聚、つまり今、臨終に対して平生だ、現生だということです。

　身近な人の死を通して、自分の死を思う。自分の死を感じた時に、人はその死に応えうるだけの生に出遇うことができるのです。死を先送りするのではなくて、今その死を問う時に、自分の力で生きているのではなかった。思いを超えた大きな本願の御手の中に生かされていたの

だと気づける。そういう出遇いを、まさに「今」するということです。

しかし、その今というのは、物理的な時間の今ではないのです。その今というのは、いつも今なのです。「人身受け難し、いますでに受く。仏法聞き難し、いますでに聞く」（三帰依文）という今です。そういった死の問題が課題になる時が、いつも今なのです。

ですから、今、死を問うところに、逆に生の意味が見えてくる。本願に気づかされるという立場が、親鸞聖人の立場なのです。ですから、死後の世界を、この世はもうだめだから、生前に徳を積んでおいて死後の世界を祈るということではないのです。

私たちが活動しているビハーラというのも、いろいろなビハーラがあるのです。八万四千のビハーラがあるのです。浄土真宗でいうビハーラは、摂取不捨です。言葉がひとり歩きしていますので、臨終のみを課題にしたビハーラというと、何か変に思う人がいるのかもしれないのですが、私たちがいっているビハーラというのは、まさに死に直面した人、死苦に直面している人と一緒に聞法するということです。お寺に通っていた人が、もう病気になってお寺に来られない。それでは、病院に行って一緒に同朋会をやりましょうよ、そういう信仰運動なのです。

誤解しておられる方は、ビハーラに対して、癒しの運動だ、聖道の慈悲だといわれる人があります。そんなことではなくて、まさに臨床の場で、病の人と一緒に、今聞法しようということなのです。いつも「今」ですから。今、死を問うことによって、それを超えた世界に目覚めていく。本願に目覚めていく。それが摂取不捨の世界なのです。

◆死の問題

暁烏敏先生も、死の問題について深い思索をされた方です。暁烏先生が二十八歳の時に書かれた『死の問題』（一九〇四年）という短文があります。その中にこうあります。

親鸞夢に死の迫れるを感得し、ここに生死解脱の道を求め、法然聖人の教へによりて常住の楽地を信じて安住せり。真宗かくの如くにして興れり。

ああ我等はいかに死を見、死に安住すべきか。

（『暁烏敏全集』涼風学舎、第十一巻、二一一頁）

と真宗の興りをとらえ、死への思索がはじまるのです。そこでは、

如何なる人と雖も、恐れざるなきは死にあらずや、如何なる人も免れ難きは死にあらずや。故にこの死の問題に就いて思念をめぐらすは、我等人類の最大の仕事にして、最重の義務ならずんばあらず。

（『暁烏敏全集』涼風学舎、第十一巻、二一八頁）

と、それが最も重要な課題であることを述べておられます。そして、

死の問題は人を清むるものなり。死の問題は人を高むるものなり。されば我等は邪念の萌す中より常に死の問題を思考すべきなり。

（『暁烏敏全集』涼風学舎、第十一巻、二一三頁）

といわれています。

死というのは、やはり純粋な問題ですから、我々を本当に素直にさせてくれます。そして、本当の意味での我々の成長といったものを感じますね。

我死の問題を思考し来たる時、自力の計画総べて捨てられ、あらぬ欲望と愛着は忽ち泡と消え、ひたすらに自己のはかなさとかよわさとに心奪はれ、仰いで大慈の御親にすがるのに外に途なきなり。

（『暁烏敏全集』涼風学舎、第十一巻、二一三頁）

と、その無力なることを自覚する。そして、

されば我等が現在一念の如来他力の救済には未来の救済法自から来たるなり。死の問題に対する救済を感得する時にあらゆる生の問題の解決の基礎を得たるなり。

（『暁烏敏全集』涼風学舎、第十一巻、二一九頁）

と、その結論を導いておられます。

死の問題を考えると、自力の計画がすべて砕かれる。自力無効を知るというのです。そしてまた、死の問題を問うた時に、未来の問題はおのずから解決できると。つまり、自力に命終して他力に帰した時に、一切の問題の解決の基礎を得るのだということでしょう。

この課題は、暁烏先生が年齢を重ねるとともに深まり、一九五二（昭和二十七）年、七十六歳の時に講じられた『絶対他力の大道（講話）』では、

他力といふとわしの外にあるやうであるが、わしがをるといふことが、他力の活動である。（中略）我々がここへ来るといふことが生まれる、それから去るといふことは死ぬ。我々がここへ生まれるのも絶対の働きなら、ここから死んでいくといふことも絶対の働き。死生といふものは、わしの力でどうにもならん。生もわれらなり、死も亦われらなり。それが宇宙の働きの上に生かされてをる、死なしめられていく。（中略）生ずるも他力なり、死するも他力なり。われらは生死に左右せらるべきものに非ず、われらは生死を併有するものなり。これが安心出来りや、死なうか、生きようかと、心配も何もない。（中略）宇宙がわれに生を命ずるときは、生きてをればよい。死を命ずるときは、静かに死ねばよい。そこに何のあわてても、ふためきもない。生を楽しみ、死を楽しむ。所謂そこに生死一如がある。

（『暁烏敏全集』涼風学舎、第八巻、三四九頁）

正しく、任運法爾の境遇に落在しておられるのです。

さらに、一九三一（昭和六）年講述の『正信偈講話』には、

死んでも死なんのだと、死に対する恐れが肉体を超えた永遠の命の世界に入る、これが「帰命無量寿如来」である。自分の命を、肉体のある間だといふやうに考へておる時は、肉体の死は非常な恐れである。その恐れの中から教へにふれると、肉体の始まる以前から以後へと流れてをる永遠なるもの、即ち無量寿に目が開かれて肉体の死を超えた喜びを得

るのである。

（『暁烏敏全集』涼風学舎、第八巻、三五頁）

宇宙のはたらきという言葉でいわれているのは、本願のはたらきということなのです。誕生も死も思いを超えて、本願の手の中に生かされていく。何か我々は生と死を分断しまして、別の世界がある、他界があるというふうなかたちで、その他界に行くことを忌み嫌って、そして死を遠ざけているというのが現実です。ところが、生死の問題を今、超えると、生も死もない無限の世界に生きる。それは、ずっとつながっている命を生きることだということなのです。

◆自然の浄土に生きる

我々は、死後の他界観、死後の世界という思いを、『往生要集』以来持っていますけれども、親鸞聖人が説かれる世界は、そのようなことではなくて、「臨終まつことなし、来迎たのむことなし」ということです。今、死を問うことによって、その死に応えうる生に出遇う。本願に目覚める。それが永遠の命に目覚めていく世界なのだということなのです。

つまり、言葉を換えていえば、自然の浄土、自然の法に生きるということなのです。誕生も思いを超えたもの。死も思いを超えたもの。日々の営みも思いを超えたもの。思いを超えた本願のはたらきに生かされているときに、何歳であっても、これで良しと受けとめていける世界があるわけです。そういうことが「臨終まつことなし」です。それを、今ということで、親鸞聖人は教えてくださっています。『唯信鈔文意』の「来迎」の、親鸞聖人独特の受けとめ方ということを、改めて学ばせていただいたようなことでございます。

Ⅱ　親鸞思想の再発見

一、聖道の慈悲と浄土の慈悲の新しい見方
―『歎異抄』第四章の「かわりめ」を再考して―

一　仏教体験書としての『歎異抄』

◆『歎異抄』の著者は誰か

『歎異抄』という書物は広く知られていて、金子大榮先生が校訂された岩波文庫『歎異抄』は、長く読み継がれて永遠のベストセラーとなっています。いったいどうしてなのでしょうか。普通の本ならば、一回読んで筋がわかったらそれで終わりですね。ところが『歎異抄』という書は、知識を得る書として読むと少しも面白くないのですけれども、自分の生き方を問いながら読んでいくと、三十歳ならば三十歳の課題に、六十歳ならば六十歳の課題を持って読むと、その課題に応えてくれるのです。ですからいつも新鮮なのです。それが宗教書というものなのでしょう。そういうわけで、常に売れ続けているというわけです。

ところで、この『歎異抄』の著者は誰かというと、おそらく多くの人は唯円とお答えになる

でしょう。しかし、正確には作者不詳なのです。ただ唯円説が定説になっているということです。

『歎異抄』は、覚如上人の書かれた『口伝鈔』に内容がよく似ています。どちらにも、

善人《ぜんにん》なおもて往生をとぐ、いわんや悪人《あくにん》をや。（『歎異抄』聖典六二七頁）

善人なおもて往生す、いかにいわんや悪人をやというべしと、おおせごとありき。（『口伝鈔』聖典六七三頁）

というように、「悪人正機」の法語が出てきます。また、

「たとえば、ひとを千人ころしてんや、しからば往生は一定《いちじょう》すべし」（『歎異抄』聖典六三三頁）

「人を千人殺害《せつがい》したらば、やすく往生すべし。おのおの、このおしえにしたがえ。いかん」（『口伝鈔』聖典六五四頁）

というように、「人を千人殺せば往生できる」という問答もあります。さらにまた、

親鸞は弟子一人《いちにん》ももたずそうろう。（『歎異抄』聖典六二八頁）

親鸞は弟子一人《いちにん》ももたず、なにごとをおしえて弟子というべきぞや。（『口伝鈔』聖典六五五頁）

と、「弟子一人ももたずそうろう」という法語も出てきます。ですから、かつては『歎異抄』

は覚如上人が書かれたものだといわれていました。

ところが、覚如上人は親鸞聖人が亡くなってから生まれておられるのです。親鸞聖人がお亡くなりになったのは、弘長二（一二六二）年ですが、覚如上人が生まれられたのは文永七（一二七〇）年です。覚如上人は親鸞聖人からすれば、ひ孫にあたります。『歎異抄』の序文には、「耳の底に留るところ、いささかこれをしるす」（聖典六二六頁）とありますから、お話を直接聞いた人でないといけないわけです。そういうことで、覚如説が否定されました。

覚如上人が書かれた『口伝鈔』というのは、親鸞聖人の孫の如信上人の話を覚如上人が書き留められたものですから、それなら『歎異抄』をお書きになったのは如信上人ではないかという説が次に出ました。ところが『歎異抄』の第二章には、

おのおの十余《じゅうよ》か国のさかいをこえて、

（聖典六二六頁）

と書いてあります。さらに「中序」には、

あゆみを遼遠《りょうおん》の洛陽《らくよう》にはげまし、

（聖典六三〇頁）

とあります。ですから、『歎異抄』を書いた人というのは、京都から十余か国離れた所の人でないといけないわけです。ところが、如信上人は、親鸞聖人の孫ですから京都で親鸞聖人と一緒に生活しておられて、親鸞聖人が亡くなってから、晩年に常陸国（茨城県）の大網へ行かれているのです。そういうことから、『歎異抄』をお書きになったのは如信上人ではないという

ことになりました。

また、『歎異抄』の第九章には、親鸞聖人と唯円との会話が出てきます。

「念仏もうしそうらえども、踊躍歓喜《ゆやくかんぎ》のこころおろそかにそうろうこと、またいそぎ浄土へまいりたきこころのそうらわぬは、いかにとそうろうべきことにてそうろうやらん」と、もうしいれてそうらいしかば、「親鸞もこの不審《ふしん》ありつるに、唯円房《ゆいえんぼう》おなじこころにてありけり。よくよく案じみれば、（聖典六二九頁）

とあります。そして、第十三章にも、

また、あるとき「唯円房はわがいうことをば信ずるか」と、おおせのそうらいしあいだ、「さんぞうろう」と、もうしそうらいしかば、「さらば、いわんことたがうまじきか」と、かさねておおせのそうらいしあいだ（聖典六三三頁）

と、唯円との会話が出てきます。このことから、『歎異抄』の作者は唯円だとなったわけです。

ところが、じつは、この唯円という人は、二人いたのです。河和田《かわだ》の唯円と、関東二十余輩に入っている鳥喰《とりばみ》の唯円です。河和田と鳥喰は地名です。

覚如上人の子である従覚の著した『慕帰絵詞』に、

正応元年冬のころ、常陸国河和田唯円房と号せし法侶上洛しけるとき、対面して、日来不審の法文にをいて、善悪二業を決し、今度あまたの問題をあげて、自他数遍の談にをよび

けり。（真聖全二、七八〇頁）

という記述が出てくるので、これをもって『歎異抄』の作者は河和田の唯円という説が立てられました。これは万徳寺了祥という人の説で、了祥の『歎異抄聞記』に書かれています。ですから、この河和田唯円説が今は定説になっているということなのです。

◆真実と異なる自己を歎く

『歎異抄』の内容は、まず前半は「師訓篇」といって、親鸞聖人が話されたこと、これが十章あります。次に後半を「異義篇」あるいは「歎異篇」ともいいますが、これが八章あります。そのほかに「前序」「中序」「後序」があります。唯円が親鸞聖人から直接聞いたことが最初の十章。そして後半の異義八章は、当時関東で起きていた教義上の具体的な問題について、唯円が親鸞聖人の言葉を拠りどころに答えています。そして、「後序」には、「聖人のおおせ」「故聖人のものがたり」というように、親鸞聖人のいわれたことが三つ記され、そして、巻末に流罪の記録が付されています。

親鸞聖人が京都へ帰られてから、関東では問題がいろいろ起きたのです。そのために、親鸞聖人は長男の善鸞を関東へ遣わしました。ところがそれでもいろいろなことが起きて、問題は解決しなかった。そこでお弟子の方たちが京都へ上ってきて、親鸞聖人に直接話を伺ったと、

「師訓篇」に書いてあります。

『歎異抄』の解説書はたくさんありますが、残念ながら通り一遍の解釈の本がほとんどです。そういう知識的な解釈本を読んでいても、少しも面白くありません。一回読んだら、「もうこれはわかった」となってしまいます。

「歎異」ということについて、『歎異抄』の本文の最後に、

一室の行者のなかに、信心ことなることなからんために、なくなくふでをそめてこれをしるす。なづけて『歎異抄』というべし。（聖典六四一頁）

と書いてあります。「一室の行者のなか」ですから、一つのグループの中に、信心の違う人がいる。そういう異義が出てこないようにするために『歎異抄』を書いたのだといわれているのです。

それを言葉通りに解釈しますと、「私は正しい教えを受け継いでいますが、異なる人もいます」となります。しかし、誰しも自分を正統化します。私は正統で、あなたは異端。それで、正統が異端を歎異する書というように受け取れます。たいていの『歎異抄』の解説書には、そう書いてあります。けれども、正統、異端というのは、これは相対的なものですから、どちらが正統でどちらが異端かわからないのです。

東本願寺の解釈からしたら、西本願寺は異端になります。西本願寺の解釈からすれば、東本

願寺は異端になるのです。みんな自分が正統になってしまうのです。けれども、そんなことをいっていても不毛です。そうなってしまうと、宗教心はどこかへいってしまいます。宗教と関係なくなります。正統が異端を歎いて、「あんたは違っているよ」と歎いてこれを書いたのだという。そのようにお互いに批判しあっていたら、それは信仰とはまったく無縁の話になります。

曾我量深先生は、『歎異抄聴記』という講義録で、「異なるを歎く」というが、その異なっているのは誰か。異なっているのはこの私なんだ。如来の真実に照らして私のありようを問うていったら、異なっていたのはこの私でしたと、そのようにいわれているのです。曾我先生の受けとり方は、『歎異抄』は真実に異なっている自己を歎く書であるということになります。

これをもう少し掘り下げて考えてみます。『歎異抄』の第三章に、

善人《ぜんにん》なおもて往生をとぐ、いわんや悪人をや。（聖典六二七頁）

と記されています。この悪人とはなんでしょうか。真実に異なっている「自分の自覚」が、悪人の自覚なのです。正統が異端を歎異するといったら、相手が悪人になってしまいます。それはおかしいでしょう。ですから、真実に異なっている私が、極重悪人なのです。その悪人というのは、如来の真実に照らして、それこそ兎の毛、羊の毛の先にある塵ほどの悪をも問題視している、そういう自分なのです。そういう自分を自覚したら、極重悪人だったというわけです。

これは画期的な解釈でしょう。「私は正しい、あなたは間違っている」といって、相手を異端として諌めるのは簡単です。そうやっていつも自分を正統化しているわけです。ところが、曾我先生の理解は、自分が異なることを歎くのです。異なっているのは私自身なのです。よく読んでみますと、『歎異抄』の第二章で、親鸞聖人は、むずかしい学問はもとより、いずれの行も及びがたき身である自己を歎き、第三章では、煩悩具足の悪人と自覚しておられます。そして第四章では、聖道の慈悲すらできない私であると歎いておられる。そして第五章では、父母の孝養すら我が力ではかなわないといわれています。さらに第六章では、我がはからいにて、人に念仏申させることは出来ないといわれています。また、第八章では、「念仏は行者のために非行・非善」である、行も善も積むことのできない自分を歎かれる。第九章では、唯円と同じく、踊躍歓喜の心もわかず、またいそぎ浄土へまいりたき心もない自己を歎いておられるのです。

「後序」には、善導大師の金言として、

「自身はこれ現に罪悪生《ざいあくしょう》死《じ》の凡夫、曠劫《こうごう》よりこのかた、つねにしずみ、つねに流転して、出離の縁あることなき身としれ」（聖典六四〇頁）

とあります。これは、昔から罪ばかり犯している私なのですという自覚の言葉です。つまり、「機の深信」です。自己の闇の自覚です。

　また親鸞聖人は、
　弥陀の五劫思惟《ごこうしゆい》の願をよくよく案ずれば、ひとえに親鸞一人《いちにん》がためなりけり。
（聖典六四〇頁）

といわれるわけです。本願はこの私一人を照らしてくださっているのだということです。これは、「法の深信」を内容としています。光の自覚です。光があるから闇が自覚でき、闇があるから光が仰げるのです。「弥陀の誓願不思議にたすけられまいらせて」（聖典六二六頁）と本願のはたらきを説く第一章と、「念仏には無義をもって義とす」と念仏（法）のはたらきを説く第十章は、法の深信、第二章から第九章は、機の深信の告白です。『歎異抄』の基本的性格は、二種深信といってもいいのです。

『歎異抄』は、たんなる教養書ではなくて、私の今のありようを問うてくる書です。自分が問われてくるから宗教書なのです。正統が異端を歎異するというのではなくて、自分が真実に異なっていると解釈した時に、『歎異抄』が宗教書として輝いてくるのです。曾我先生の解釈は、非常に思いきった解釈です。しかし『歎異抄』をそのように、自分の生き方を課題にして思いきって解釈していくと、いろいろなことが見えてくるのです。このことからしても、信仰の立場から、思いきった解釈も許していただけるのではないかと思います。

そこで『歎異抄』をもう一度最初から考え直してみたらどうかと思いまして、第四章について、私なりの見方で考えて私の理解をお話ししてみたいと思います。

二　慈悲に聖道・浄土の「かわりめ」あり

◆聖道門と浄土門

『歎異抄』第四章には、次のように説かれています。

慈悲に聖道《しょうどう》・浄土《じょうど》のかわりめあり。聖道の慈悲というは、ものをあわれみ、かなしみ、はぐくむなり。しかれども、おもうがごとくたすけとぐること、きわめてありがたし。浄土の慈悲というは、念仏して、いそぎ仏《ぶつ》になりて、大慈大悲心をもって、おもうがごとく衆生を利益《りやく》するをいうべきなり。今生《こんじょう》に、いかに、いとおし不便《ふびん》とおもうとも、存知《ぞんじ》のごとくたすけがたければ、この慈悲始終なし。しかれば、念仏もうすのみぞ、すえとおりたる大慈悲心にてそうろうべきと云々　（聖典六二八頁）

慈悲に聖道と浄土の「かわりめ」があるといわれるのですが、慈悲の「慈」は一般的には与楽、楽を与えるという意味です。「悲」は、抜苦で苦を抜くということです。ですから、楽を与え苦を抜くということが、慈悲ということです。

親鸞聖人は、『教行信証』「証巻」に『浄土論註』を引用されていますが、その『浄土論註』

では、

苦を抜くを慈と曰《い》う。楽を与うるを悲と曰《い》う。慈に依《よ》るがゆえに一切衆生の苦を抜く。悲に依るがゆえに無安衆生心《むあんしゅじょうしん》を遠離《おんり》せり。
（聖典二九三頁）

と、一般的な解釈とは逆に、苦を抜くのが「慈」で、楽を与えるのが「悲」であると解釈されています。いずれにせよ、慈悲は抜苦与楽という意味です。

「慈悲に聖道・浄土のかわりめあり」といわれていますが、聖道と浄土とは何かというと、中国の隋の時代の道綽禅師が、仏教を聖道門と浄土門の二つに分類されました。聖道門というのは自分の力によって覚りを得ようとする仏道で、いわば自力教です。それに対して浄土門というのは、阿弥陀仏の本願を信じて浄土に生まれていく他力教です。

聖道門は聖なる道です。つまり、出家して修行によって煩悩を断ち切って覚りを得る道です。ですから、多くの人がイメージする仏教というのは、だいたい聖道門でしょう。出家ということは、家を捨て、欲を棄て、そして戒律を持って仏道を歩むことです。そういう聖の道は、日本仏教でいえば比叡山の天台宗、あるいは高野山の真言宗、そして禅宗も聖道門です。それに対して浄土門とは、阿弥陀仏の本願を信じ、念仏を称えて浄土に生まれていく仏道です。道綽禅師が、仏教をこのように二つに分けられました。

聖道門も浄土門も、どちらも覚りへいたる道です。富士山へ登るのにいろいろな道がある。

どの道も素晴らしい道です。ただ、自分はどちらの道を歩むことができるのかということです。家を捨て欲を棄てて、難行苦行をして煩悩を断ち切って覚ることのできる人はそうしてください。ところが、法然上人や親鸞聖人は、道綽禅師にならって、とてもそんなことはできないといわれているのです。

道綽禅師は、聖道門を歩めない理由について、二つの理由を挙げておられます。

一つには、大聖を去ること遥遠なるによる。二つには、理深く解微なるによる。

（『安楽集』真聖全一、四一〇頁）

一つ目の「大聖を去ること遥遠なるによる」というのは、釈尊が亡くなって遥かに時間を経てしまったということです。そのために時代は末法になり、この時代にはもう釈尊と同じような難行苦行の方法によって覚りを開くことは凡夫には難しいということです。二つ目の「理深く解微なるによる」というのは、釈尊の教えはその理が深いために、私たち凡夫にはほんの少ししか理解できない。そのために、末法の凡夫には聖道門を歩むことができないということです。この『安楽集』の言葉を引用して、法然上人も親鸞聖人も、私は末法の凡夫ですから聖道門の道は難しくて歩めない、「いずれの行も及び難き身」ですといわれるのです。そして、自分には浄土門、念仏の道しかないという選びをしておられるのです。

ですからこれは、この道が良いとか悪いとかという話ではないのです。道としては、聖道門も浄土門もどちらも素晴らしいのです。問題は自分にはどちらができるかということです。道綽禅師も法然上人も親鸞聖人も、私は本願によって浄土に行くという道しかありませんといわれて、念仏の道を歩まれました。しかし、それはむしろ、凡夫を自覚されたことによって、そういう道が開かれてきたということでしょう。

◆慈悲の「かわりめ」とは

「慈悲に聖道・浄土のかわりめあり」とありますが、慈悲には聖道の慈悲と浄土の慈悲があって、そのかわりめがあるというのです。「聖道の慈悲というは、ものをあわれみ、かなしみ、はぐくむなり」とありますから、聖道の慈悲というのは、憐れみ、悲しみ、育む心をもって人を救っていく。頑張って人のために徳を積んで励みましょうというものです。しかし、「おもうがごとくたすけとぐること、きわめてありがたし」といわれていますから、それを成就することはたいへん難しいといわれます。

それに対して、浄土の慈悲というのは、「念仏して、いそぎ仏になりて、大慈大悲心をもって、おもうがごとく衆生を利益するをいうべきなり」といわれています。

この「かわりめ」という言葉の解釈は、江戸時代の香月院深励《こうがついんじんれい》の『歎異抄講林記』には、聖道門の慈悲と浄土門の慈悲のかわりありと標し挙げし辞なり。

とあります。先ほど挙げた万徳寺了祥の『歎異抄聞記』には、

（『真宗大系』二四巻、五八頁）

聖浄二門、慈悲のかはるという祖語を挙げて示すによって、慈悲差別章と云う。

（『続真宗大系』二一巻、一五頁）

とあります。また、多屋頼俊氏の『歎異抄新註』（法藏館、一九三九年）では、

慈悲に自力の慈悲と他力の慈悲との違いめがあります。

（六頁）

といわれています。また、暁烏敏氏の『歎異抄講話』（講談社、一九八一年）には、「第二項　二種の慈悲」と項題を示し、

慈悲に聖道浄土のかわりめありというのは、つまり、慈悲に自分の小慈悲を人に与えんとする慈悲と、自分は慈悲心無き者と自覚して、大慈悲の力を獲得して、その大慈悲心の力を世に施さんとするのと、二通りありということを標示して、慈悲に聖道・浄土のかわりめありというたものである。

（一三八頁）

とあります。そして佐藤正英氏の『歎異抄論註』（青土社、一九八九年）では、

慈悲に聖道門と浄土門の違いがある。

（五九〇頁）

とされています。

このように「かわりめ」というのは、「違い」とか「違い目」と解釈されています。慈悲に

は聖道門の慈悲と、浄土門の慈悲の違い目があるというわけです。今日出版されているほとんどの『歎異抄』の解説書には、このように二つの慈悲があって、違いがあるという解釈になっているのです。

ところが、そのように解釈してしまうと、聖道の慈悲はこうで、浄土の慈悲はこうで、浄土の慈悲がいいのですよといった話になってしまうのです。それなら、聖道の慈悲は駄目なのかということになります。そこでは、聖道の慈悲を廃して、浄土の慈悲を立てるのです。つまり、「廃立《はいりゅう》」という二者択一の立場になります。この場合、肯定される側はいいのですが、否定される側は黙っていません。このことが対立を呼び、承元の念仏弾圧になっていくのです。

東日本大震災の後、真宗の若い学生が一生懸命にボランティアしていたら、「そんなのは聖道の慈悲じゃないか」といった人がいました。真宗の人からすれば、慈悲が二つあって、あちらが駄目でこちらがいいという解釈になるのですね。それはどちらが良くてどちらが悪いかという話ですから、わかりやすいのです。けれども私は、この「かわりめ」という言葉を、違いとか違い目という意味で解釈していいのかと疑問に思ったのです。

そこで、「かわりめ」を、「季節のかわりめ」とか、「潮のかわりめ」というように、素直に「変り目」と読めないのかと思いました。

『広辞苑』には、「①物事のうつりかわる時。季節の——。②けじめ、ちがいめ。」とあります。また、小学館の『日本国語大辞典』（第二巻）で「かわりめ」を引いてみますと、「①変わっているところ。違い。けじめ。さまざまに異なっているところがあること。②交替する時、入れ替わる時、取り替える時、またそのもの。③物事の遷り変わる時。季節の移り変わる時期」とありました。つまり、「かわりめ」には「変わる時」という意味があるわけです。

それで、色々な本を調べました。そうしたら、廣瀬杲述『歎異抄講話』一巻（法藏館、一九九四年）には、

私は「かわりめ」というのは、相違と云うことではなくて、それこそ「変りめ」です。「変りめ」の「め」というのは、つぎめとか、うつりめの「め」だと思います。（二三四頁）

と述べられていました。廣瀬杲先生も私と同様に「違い」という解釈に違和感を持っておられたのです。ただ、『歎異抄講話』は講演の筆録なので詳しい意図が示されていませんし、もう故人になっておられます。それで、そこをもう少し、私なりに展開してみたいのです。

すなわち、「かわりめ」には「変わる時」という意味があるのです。「聖道の慈悲と浄土の慈悲の違い」と解釈するのと、「聖道の慈悲と浄土の慈悲の変わる時があります」と解釈をするのでは、まったく意味内容が違ってきます。私たちが聖道の慈悲で、ものを憐れみ、悲しみ、育む心をもって一生懸命に徳を積んでいっても、人を完全に救うことはこの私には不可能でしたと気づかされて、その絶望の中から、浄土の慈悲に移り変わっていく。その変り目、変わる

時があると解釈できないでしょうか。それが正しく仏教体験です。

◆自力から他力への回心

ヒューマニズムの立場に立てば、人間は誰しも憐れみ、悲しみ、育む心を持っているのです。そこに「我は菩薩となりうるか」という疑問が出てきます。聖道の慈悲というのは、菩薩になっていく道です。一生懸命に徳を積んで、頑張って、菩薩になっていく道です。けれども、人間の思いに立っているかぎり、慈悲といっても不純な心が混じってくるのです。

愛知県東海市の暁学園園長の祖父江文弘さんが、施設に入っている小学校四年生の女の子と交換日記をしていました。その子の文章の中に、

「希望に胸をふくらませてがんばっていますけれども、風船を針で突くといっぺんにしぼんでしまうように、私にとってたった一つ、きらいな言葉があります。それは『施設の子はかわいそう』という言葉です」

という文章があったというのです。

聖道の慈悲というのは、人が人に対してかける慈悲ですから、これには当然、上下関係が出ます。与える人、もらう人、慈悲や同情をかける人、かけられる人。人間であるかぎり、そこにはどうしても不純な心が混じってしまうわけです。「同情するなら金をくれ」という言葉が

昔流行したことがありますが、そういうものなのです。「こうして何かやっているのだからいいだろう」と思うかもしれないけれども、それは末通ったものにはなっていかない、「雑毒《ぞうどく》の善《ぜん》」（「信巻」聖典二二五頁）でしかないのです。

『正像末和讃』に、

　小慈小悲もなき身にて　　有情《うじょう》利益《りやく》はおもうまじ
　如来の願船いまさずは　　苦海をいかでかわたるべき
　　　　　　　　　　　　　　　　　　　（聖典五〇九頁）

とあります。我々は、小慈小悲もない身です、そのために、衆生利益は思い通りにならないのです。またさらに、

　是非しらず邪正《じゃしょう》もわかぬ　　このみなり
　小慈小悲もなけれども　　名利《みょうり》に人師《にんし》をこのむなり
　　　　　　　　　　　　　　　　　（『正像末和讃』聖典五一一頁）

とも説かれています。

聖道の慈悲というのは、正しくものを憐れみ悲しみ育むことです。しかし、それは小慈小悲だと親鸞聖人はいわれるのです。人間の心ですから、それは末通ったものではない。そして、「おもうがごとくたすけとぐること、きわめてありがたし」という深い自覚がなされた時に、そこから如来の慈悲がうなずけてくるのです。

つまり、聖道の慈悲に破れた時に、浄土の慈悲、他力の慈悲、仏の慈悲が自覚させられてく

る。広瀬先生は「かわりめ」を「違い」ではなく、「変わり目」といわれたのですが、私はここを、もう一歩展開して「変わる時」つまり、回心《えしん》と理解したいのです。自力から他力への転換、つまり仏教体験を示す言葉として、受けとめてはどうかと思うのです。

聖道の慈悲を頑張って実践してみたけれど、思うように助け遂げることはできなかった。だから、他力の慈悲しかないと知らされたといった場合に、それなら聖道の慈悲は無駄だったのかというと、そんなことはないのです。聖道の慈悲に必死に励んだがゆえに、その向こうにある他力の慈悲に気づくことができたのです。聖道の慈悲は、他力の慈悲に気づかせてくれるはたらきがあります。そのはたらきを方便といいます。

三　浄土門への回心を意味する「かわりめ」

◆聖道の慈悲にも意味がある

親鸞聖人は、九歳から二十九歳まで比叡山の延暦寺で学ばれました。天台宗ですから、厳しい大乗戒があったでしょう。さまざまな難行苦行をなさったと思います。けれども、

しかるに愚禿釈《ぐとくしゃく》の鸞《らん》、建仁辛《けんにんかのと》の酉《とり》の暦《れき》、雑行《ぞうぎょう》を棄《す》てて本願に帰す。（「後序」聖典三九九頁）

といわれるように、比叡山を下りて法然上人のところへ行かれ、念仏の門に帰依されました。

そこには、自分は無力だという深い自覚がありました。それゆえ、「本願に帰す」との自覚によって、自分を包み込むような大きな仏のはたらきに気づくことができたのです。それならば、親鸞聖人の九歳から二十九歳までの比叡山での学びは無駄だったのかというと、そんなことはないのです。むしろ、それがあったからこそ、そこを突き破った向こうにあった本願のはたらきに出遇うことができたのです。親鸞聖人にしてみれば、二十九歳までの比叡山での天台の学びというのは、他力に目覚めるための一つの大きな役割を果たしてくれていたのです。

我々は、親鸞聖人がそういわれるのだから、結論だけ見て「他力がいい」などといいますが、自力から他力へ目覚めていくということは、やはり追体験しないと本当の回心ということはわからないのです。

親鸞聖人は、聖道の自力を尽くされて、その結果、仏の大きなはたらきに目覚めることができたのです。ですから聖道の慈悲を一生懸命に頑張るのは、けっして無駄ではないのです。ボランティアに対して、「そんなのは聖道の慈悲ではないか」というのではなく、そういう人間として持っているものをやり通して、そのことを手がかりとして本願のはたらきに出遇っていくのです。その前には、厳しい自己の凡夫としての自覚があります。

親鸞聖人の言葉でいえば、「いずれの行もおよびがたき身」（『歎異抄』聖典六二七頁）という自己の自覚があってはじめて、その向こうにある仏のはたらきに気づかされていくのです。ですからこの「かわりめ」を、「回心」と私は捉えたいのです。そのように捉えたら、この『歎異抄』第四章の文章が、宗教的に生き生きと受けとめられてくるのです。

◆自力の菩提心を方便として

『歎異抄』第六章と「後序」に「たまわりたる信心」という言葉があります。「後序」では、面白いエピソードと共に出てきます。

法然上人の吉水の草庵で、親鸞聖人が「私の信心も、法然上人の信心も一緒です」というと、勢観房や念仏房が「何をいっているんだ。あなたのような駆け出しの者の信心と、お師匠さまの信心が一緒のはずがないでしょう」と反論しました。言い争いになって、それでは法然上人のところへ行ってお聞きしましょうということになったのです。すると法然上人が、

法然聖人のおおせには、「源空が信心も、如来よりたまわりたる信心なり。善信房《ぜんしんぼう》の信心も如来よりたまわらせたまいたる信心なり。されば、ただひとつなり。別の信心にておわしまさんひとは、源空がまいらんずる浄土へは、よもまいらせたまいそうらわじ」とおおせそうらいしかば、　　（聖典六三九頁）

といわれたのです。

浄土真宗では、信心獲得といいます。聖道の立場からいえば、菩提心を持つといいます。自

力で頑張って道を求めるというのが、自力の菩提心です。堅固な心でもって頑張って求めていくのです。頑張ってするのだけれども、自分にはそれができない。だから、仏の菩提心をいただくよりほかない。親鸞聖人の説かれるのは、他力の大菩提心です。

『教行信証』「信巻」に、菩提心釈というのがあり、親鸞聖人はそこで、菩提心について、

しかるに菩提心《ぼだいしん》について二種あり。一つには竪《しゅ》、二つには横《おう》なり。また竪について、また二種あり。一つには竪超《しゅちょう》、二つには竪出《しゅしゅつ》なり。「竪超」・「竪出」は権実《ごんじつ》・顕密《けんみつ》・大小の教に明かせり。歴劫迂回《りゃくこううえ》の菩提心、自力の金剛心《こんごうしん》、菩薩の大心なり。また横について、また二種あり。一つには横超《おうちょう》、二つには横出なり。「横出」は、正雑《しょうぞう》・定散《じょうさん》・他力の中の自力の菩提心なり。「横超」は、これすなわち願力回向の信楽《しんぎょう》、これを「願作仏心《がんさぶっしん》」と曰《い》う。願作仏心は、すなわちこれ横の大菩提心なり。これを「横超の金剛心」と名づくるなり。

（聖典二三六〜二三七頁）

親鸞聖人は、菩提心には、「竪」の菩提心、つまり聖道・自力の菩提心と、「横」の菩提心、つまり浄土・他力の大菩提心の二つがあるといわれるのです。このように、菩提心を四種に分けて説明された後で、

横竪《おうじゅ》の菩提心、その言《ことば》一つにしてその心異なりといえども、入真を正要《しょうよう》とす、

（聖典二三七頁）

といわれているのです。「入真を正要とす」というのは、「入真」とは言葉を補えば「従仮入真」（『六要鈔』真聖全二、四〇七頁）で、仮より真に入るという意味です。仮というのは方便です。方便から真実に入る。自力の菩提心が仮で、そこから真実の浄土の菩提心に入るということです。

つまり、自力の菩提心と浄土の菩提心と二つがあって、「どちらがいいですか」という二者択一の話ではないのです。親鸞聖人は、自力の菩提心を手だてとして、他力の大菩提心に帰っていくという意味でいわれているのです。

◆もともと他力しかない

自力で頑張るけれども、自力で助け遂げることは不可能である。そこで他力の大菩提心だというのです。しかし、自力の菩提心が無駄だったのではありません。それはそれで一つの大きな意味があるのです。それがそっくりそのまま、大きな手の中に生かされているということを気づかせてくれたのです。

自力というのは、自分で頑張って徳を積んで階段をのぼって、物差しを伸ばして行く方向です。祈るという行為が自力です。「長生きしますように」とお祈りするのも自力なのです。一方、他力というのは、人の力をあてにすることではありません。他力とは、自力が破れた時に気づかされてくる大きな世界なのです。

ですから、自力と他力は並立的にあるのではなくて、もともと他力しかないのです。他力の中に生かされているのだけれども、その中で頑張っているのが自力なのです。

頭でっかちになった私たち現代人は、自分の命は自分の思い通りになるなどといいます。長い命が良くて、短い命は駄目だから、頑張って長生きしましょうなどといいます。ところが、この自分の命は、自分の思い通りになりますか。

命の誕生というのは、思いを超えたものです。ここに生まれてこようと思って生まれてきた人はいません。父があり母があり祖父母がありと、連綿と続くご縁の連続によって命をいただいて、三歳か四歳ぐらいで物心ついた時に住所を聞いたら、そこが名古屋市中区だったわけです。みんな後からわかったのです。生まれてから今日までだって、思いを超えています。ずっと予定通りに生きてこられましたか。生まれてから今日まで振り返って、毎日毎日、思いがけないことの連続ではないですか。死も思いを超えています。思いもよらず死んでいくのです。上手に死のうとか、美しく死のうなどと思えば思うほど、それが苦しみになります。まさしく、たくさんのご縁によって生かされているのです。つまり、関係存在なのです。

そうしますと、みんな大きなはたらきの中に生かされていながら頑張っているのです。気がついてみたら、私たちはみな、本願のはたらきに生かされているのです。その大きな世界に気がついたら楽なのです。その大きな世界、本願のはたらきに目覚めていくのが浄土の慈悲です。仏の大慈悲心によって生かされていたのです。

生も死も思いを超えたものです。思いを超えた大きなはたらきの中に生かされているのです。『西遊記』の孫悟空が觔斗雲《きんとうん》に乗って三界を巡り回ってみても、そこは仏さまの大きな掌の中だったのです。その大きな掌の中にいることに気がついたら、長いとか短いとか、良いとか悪いとか、上とか下とか、そんなものはすべて「そらごとたわごと」ではないですか。雨が降る日には濡れるものなのです。「雨が降ったら嫌だな。晴れたらいいのに」といって頑張るから苦しいのです。

思い通りになるものと、思い通りにならないものがあるのです。その区分けを間違えると、苦しまなければならないのです。清沢満之先生に「如意なるものと不如意なるものあり」（『清沢満之全集』八巻、三五六頁）という言葉があります。如意とは思い通りになるものです。「如意なるものは、意見、動作及び欣厭なり」。これは思い通りになります。不如意とは思い通りにならないものです。「不如意なるものは、身体、疾病、生死なり」、自分の身長は思い通りになりません。この顔も思い通りに作ったのではありません。

死を思い通りにしようと思うから苦しみになるのです。なにも上手に死ぬ必要などないじゃないですか。痛い時は痛いといい、苦しい時は苦しいといい、どんな死に方でもよしと腹が据われればそれでいいのです。「自然の法に従うとき満足という決着にいたるのである」と、清沢満之先生はいわれるのです。

大きな掌の中に生かされていながら、そこで勝手な物差しを使って思い通りにしようとするから苦しまなければならなくなるのです。思い通りにならないものを、思い通りにならないと知っていくことが、それを超えていく道です。思いを超えた大きな世界に気がついたら、物差しなどはどうでもよくなるのです。捉われを離れたら、そのまま落ち着けるのです。四十歳は四十歳、六十歳は六十歳、百歳は百歳、男は男、女は女、東京は東京、名古屋は名古屋。東京が良くて名古屋は駄目だと思うから、苦しみになるのです。それぞれがそれぞれに輝いているのです。

◆自分の物差しが破れて気づく

それぞれが輝いているという世界に、どこで気がつくかというと、自分の物差しが破れた時です。欲は無限ですから、聖道の慈悲でいくら物を与えても満足はないのです。発展途上国を支援することは大事ですが、「政府開発援助（ＯＤＡ）」でどれだけ支援しても、もう満足ですということにはならないでしょう。逆に現地の人が働く意欲を失ってしまうことだってあります。人間とはそういうものなのです。

前章で述べましたブータンの幸福論も同じです。物差しを離れた見方です。物差しを離れると、あるがままを受けとめていけるのです。

長い命が良くて、短い命が駄目だと誰が決めたのですか。生はプラス、死はマイナスなのですか。そういう価値観を持っているから、死んだら嫌だとか、命は長ければ長いほどいいとかいうのです。もしも命を自分の力で長くしたり短くしたりできたら、それは新たな苦しみを生みます。思い通りにはならないのです。ですから、長くても良し、短くても良し、あるがままで良いと、捉われを離れた時に絶対満足を得るのです。

捉われを離れるとは、大きな大きな仏のはたらきに目覚めるということです。本願のはたらきに目覚めた時に、捉われを離れて、自分は自分と、あるがままをあるがままとして受けとめていくことができるのです。それはもはや、こちらの思い、分別ではないのです。仏の心に生かされていたということです。その仏の心を真宗では、たまわりたる信心とか、回向の信心といった言葉でいうわけです。その気づき、つまり自覚を回心というのです。

そこに気がついたら、まさしく「これで良し」となります、絶対満足ですね。聖道の慈悲をいくら追い求めていっても、欲は無限ですから満たされることはありません。それが駄目だとか、無駄だというのではないのです。そのことを通して、それが末通らない慈悲であるということに気がついたら、如来の大慈悲心、仏のはたらきに気づけるわけです。聖道の慈悲によって、自己の思いが破れた時に、浄土の慈悲、他力の慈悲、大慈悲心に気づいていけるのです。ですから、「かわりめ」というのは、たんなる違いとか違いめではなくて「変わる時」です。潮の変わり目などといいますね。変わることによって得られていく、気づけていける世界です。ですから私は、この「かわりめ」という言葉は、回心を意味しているのではないかと思うわけです。

四　『観無量寿経』にも「かわりめ」あり

◆慈心不殺も方便として

ところで、『観無量寿経』の中に三福ということが説かれています。その三福とは、

一つには父母《ぶも》に孝養《きょうよう》し、師長に奉事《ぶじ》し、慈心《じしん》ありて殺《せっ》せず、十善業《じゅうぜんごう》を修す。二つには三帰を受持し、衆戒《しゅかい》を具足し、威儀《いぎ》を犯《ぼん》せず。三つには菩提心を発《おこ》し、深く因果を信じ、大乗を読誦《どくじゅ》し、行者を勧進《かんじん》す。（聖典九四頁）

という徳目です。この中に、「慈心ありて殺せず」と、慈悲の心をもって殺生しないということがあります。その慈悲とは、もちろん聖道の慈悲です。

『観無量寿経』には、冒頭に「王舎城の悲劇」が語られます。韋提希夫人と頻婆娑羅王との

間には子どもがなかった。ある仙人が亡くなったらその生まれ変わりに子どもが生まれるといわれて、頻婆娑羅王はその仙人を殺してしまうのです。そして生まれてきたのが、阿闍世です。阿闍世は、父親を殺し、母親を王宮の奥深く幽閉してしまいます。

幽閉されている韋提希夫人は、釈尊に、

願わくは世尊、我がために広く憂悩《うのう》なき処《ところ》を説きたまえ。（聖典九二頁）

と、「私に苦悩を超える道を教えてください」とお願いします。その、韋提希夫人の願いに応えて、霊鷲山《りょうじゅせん》からやって来られた釈尊は、まず定善《じょうぜん》十三観の自力の瞑想方法をお説きになります。日想観、水想観など十三の観法で、心を静寂にして集中し、煩悩を断ち切っていくという観法です。

それができなければということで、次に散善《さんぜん》という修行方法を説かれます。これは人間を「上品上生《じょうぼんじょうしょう》」から「下品下生《げぼんげしょう》」まで能力別に九通りに分けて徳目を積むことを勧めるものです。その徳目とは、「父母孝養」親に孝行しなさいとか、「奉事師長」先生にちゃんと仕えなさい、「慈心不殺」慈しみの心を持って殺生しないようにしなさいといった内容です。つまり、この徳目が先ほどの三福です。

ところがそういう難しい修行方法を説きながらも、『観無量寿経』の結論は、なぜか念仏をせよということになっています。『観無量寿経』の最後の「流通分」では、

汝《なんじ》好くこの語《ことば》を持《たも》て。この語を持てというは、すなわちこれ無量寿仏の名《みな》を持《たも》てとなり。（聖典一二二頁）

と、定善・散善という難しい自力の修行方法ではなく、念仏を持てと勧められ、それが『観無量寿経』の結論になっているのです。

これについて、善導大師は『観経疏』「散善義」で、

上よりこのかた定散両門の益《やく》を説くといえども、仏の本願の意《こころ》を望まんには、衆生をして一向に専ら弥陀仏の名《みな》を称せしむるにあり、と。（「化身土巻」聖典三五〇頁）

と示されています。定散・散善という難しい修行方法を説かれているけれども、本願の本意で解釈すると、その二つは専ら念仏を勧めるために説かれたものだったというわけです。

つまり、釈尊は、『観無量寿経』のはじめの「序分」で、韋提希に、

汝はこれ凡夫《ぼんぶ》なり。（聖典九五頁）

といっておられるのです。それを根拠にして、善導大師は、韋提希夫人は凡夫である。凡夫であるがゆえに、釈尊はあえて定善・散善という難しい修行方法をお説きになった。そして、「やってごらんなさい、できますか、できっこないでしょう、だったらお念仏しかないじゃないですか」というのが、釈尊の本意だといわれているのです。そのように、本願に救われていく道は、定善・散善の道を歩むということを通して開かれてくるのです。『観無量寿経』にも

「かわりめ」があるのです。つまり、自力から他力への回心を勧めているのです。

このように、『観無量寿経』の真の意味を明らかにされたのが、善導大師なのです。そのことを、親鸞聖人は『正信偈』で、

善導《ぜんどう》独り、仏の正意《しょうい》を明かせり、定散《じょうさん》と逆悪《ぎゃくあく》とを矜哀《こうあい》して、

（善導独明仏正意　矜哀定散与逆悪）（聖典二〇七頁）


といわれています。

この散善の中に慈悲が入っていますが、「慈心不殺」ということを凡夫が実現できるでしょうか。善導大師は、この定善・散善を方便と見ておられるのです。それを手だてにして、「ただ念仏しかないよ」といわれているのが釈尊の本意であると、善導大師は『観無量寿経』を受けとめられました。

親鸞聖人は、『教行信証』「化身土巻」で、

二善・三福は報土の真因にあらず、（聖典三三一頁）

とか、

横出《おうしゅつ》・漸教《ぜんぎょう》、定散《じょうさん》・三福《さんぷく》、三輩《さんぱい》・九品《くほん》、自力仮門《じりきけもん》なり。（聖典三四一頁）

と示されるように、三福やその中の「慈心不殺」も自力仮門として、つまり念仏に帰する自力の方便と見ておられるのです。それは、

聖道の慈悲というは、（中略）おもうがごとくたすけとぐること、きわめてありがたし。

（『歎異抄』聖典六二八頁）

という自覚のもとに、定散二善から念仏へ、聖道の慈悲から浄土の慈悲へという回心を裏づけるものです。

◆闇があるから光が仰げる

何よりも、親鸞聖人の生き方を見ていただいたらいいでしょう。九歳から二十九歳まで、親鸞聖人は比叡山の延暦寺で聖道の難行苦行をなさいました。当然、慈悲行もしておられるわけです。けれども、凡夫である自分にとってみれば、そういう慈悲行が末通らないと気づいて、そのことを方便として、つまり手だてとして本願に帰されたのです。親鸞聖人にしてみれば、自力の修行が他力本願に目覚める手だてとなったのです。

ですから、ボランティア活動にしても、頑張って取り組むことによって自力無効を知り、それを包み込むような大きな本願の世界があると気づかされていくという面もあります。「それは聖道の慈悲じゃないか」と批判するのではなく、体験しなければわからないことがあるのです。自力無効を知らなければ、他力ということはわからないのです。

『高僧和讃』に、

願作仏《がんさぶつ》の心はこれ　度衆生《どしゅじょう》のこころなり
度衆生の心はこれ　利他真実の信心なり
信心すなわち一心なり　一心すなわち金剛心《こんごうしん》
金剛心は菩提心《ぼだいしん》　この心すなわち他力なり
（聖典四九一頁）

とあります。

「度衆生」というのは、衆生を救うという意味です。利他は、普通は「他者を利する」と解して、聖道の慈悲に解釈するのですが、親鸞聖人は「利他真実の信心」だといわれます。仏が衆生を救ってくださる、その信心は仏の心ですから、たまわりたる信心です。信心は一心であり、金剛心であり、菩提心であり、他力である。まさしく自力の心が破れた時に、そっくりそのままそれを包んでくださる如来の本願のはたらきに目覚めていくことができるわけです。

しかし、そこには非常に厳しい、いずれの行もおよびがたき身という自己の深い自覚があります。それが、機の深信であり、いわば闇の自覚です。それに対して、本願のはたらきを法の深信といいます。これは光の自覚です。光があるから闇がわかるわけですし、闇があるから光が仰げるのです。

機の深信とは、自己を問う厳しい闇の自覚です。言葉を換えていえば、「おもうがごとくたすけとぐること、きわめてありがたし」という自己の自覚ですね。しかし、その自己の自覚は、法の光に照らされるからわかるわけであり、だからこそ光が仰げる。このような、二種深信という論理構造があるわけです。

『歎異抄』は、意味内容を解釈するというだけで読んでいると、難しくて少しも面白くない書です。ところがこういうように、自分の生き方、自分のあり方をそこに問いながら読んでいくと、違う輝きを持った『歎異抄』が見えてくるのです。

「歎異」という言葉一つとりあげてもそうです。曾我量深先生の「歎異」の理解が、『歎異抄』そのものをまさしく光り輝く宗教書として受けとめさせてくれるように思います。同時にまた、「かわりめ」も、聖道の慈悲と浄土の慈悲と二つあって、どちらがいいですかというようなレベルで読まないで、「変わる時」あるいは「移り目」「回心」と、自力から他力への転換を示す言葉として理解すると、それがもっと深く響く言葉として聞こえてくるのではないかと思います。

二、親鸞聖人の仏教体験

一　仏教体験としての三願転入

◆仏教は学ぶものか

私は仏教を学んでいて、いつも気になることがあります。それは、仏教は学ぶものなのか、どうなのかということです。仏教をいくら学んでも、仏教はわかりません。仏教についての物知り博士にはなれても、仏教そのものはわかりません。蓮如上人の言葉に「聖教よみの聖教よまずあり」（『蓮如上人御一代記聞書』聖典八七二頁）という言葉があります。仏典や高僧の言葉を読んでも、教理や伝記については理解できても、その境地やその世界はわかりません。それをわかろうとするならば、体験しなければなりません。その意味では、仏教は体験するものだと思います。

禅などのように、修行によって目覚めようとする仏教においては、そのことは、わかりやすいと思いますが、親鸞聖人の仏教のように、修行を必要としないで、念仏を仏からのはたらき、つまり仏の呼び声として受けとめる他力仏教であっても同じだと思います。

仏教とは、法に目覚めていくものです。親鸞聖人は、釈尊をはじめ、七高僧などの先立って法に目覚めた人たちに、目覚め方を学んでいます。法に目覚める追体験をしているのです。私たちも、先立つ念仏者に、法の目覚め方を学ぶのです。道を学ぶのです。まさにそれは、追体験です。仏教体験です。

釈尊は、仏教を説いておられません。法に目覚めて、その目覚め方を説いておられるのです。法に目覚める目覚め方、つまり、道を説いておられるのです。親鸞聖人も、真宗を説いておられません。親鸞聖人も法に目覚められたのです。その法を真宗と呼んでおられます。私たちは、『教行信証』にその目覚め方、道を学ぶのです。

ちなみに、「浄土真宗」は親鸞聖人が作られたものではありません。歴史の教科書にはそう書いてあるかもしれませんが。仏教とか、真宗は、誰かが作ったとか、作らなかったというものではないのです。法ですから、普遍に流れているものです。たとえば、ニュートンが発見したとされる万有引力の法則というのがありますが、あれは、ニュートンが作ったものではありません。たまたまリンゴが木から落ちるのを見て、ニュートンが気づいたのです。ニュートンが気づこうが、気づくまいがリンゴは木から落ちるのです。それも法ですから普遍に流れているのです。それにニュートンが気づいたのです。真宗も同じです。

ですから、『御伝鈔』には、

忝《かたじけな》く彼の三国《さんごく》の祖師《そし》、各《おのおの》此《この》一宗《いっしゅう》を興行《こうぎょう》す。所以《このゆえに》、愚《ぐ》禿《とく》勧《すすむ》るところ、更《さら》にわたくしなし。

（聖典七三五頁）

といわれているのです。三国の祖師は、みんな普遍に流れる「真宗」に目覚められたのです。

善導大師は「真宗遇《あ》いがたし」（「行巻」聖典一九一頁）といわれ、法照禅師は、「念仏成仏これ真宗」（「行巻」聖典一九一頁）といわれています。また、法然上人については、親鸞聖人が、「真宗の教証、片州に興《おこ》す」（『正信偈』聖典二〇七頁）といわれ、さらに、

智慧光《ちえこう》のちからより　本師《ほんじ》源空あらわれて

浄土真宗ひらきつつ　選択《せんじゃく》本願のべたまう

（『高僧和讃』聖典四九八頁）

といわれています。このように、みんな真宗に目覚められた、つまり法に目覚める体験をされているのです。

ところで、日本の仏教研究は、科学的方法論による文献研究が中心です。国内最大の仏教学の学会である日本印度学仏教学会の発表論文を見ても、文献研究が中心です。私は、それを否定しているわけではありません。それは、基礎研究として必要です。しかし、それに止まっていては、人々の現実の生活の中の苦に対応することができません。仏教は悩む人のためにあるのです。大学の研究室や教団のためにあるのではありません。悩む人が先です。その後に同じ

道を歩む人が、サンガである信仰共同体を作っていくのです。

◆仏教体験としての三願転入

法に目覚めるということは、経験の世界です。事実ですからはっきりと、観察もできますし、叙述もできます。教えとは実践です。道はプロセスです。親鸞聖人の仏教体験とは、回心という言葉でいわれます。

仏教体験は、その九十年の生涯すべてといってもいいのですが、それを物語化したときに、トピックス化されるのは、『教行信証』「後序」の記述からすれば、比叡山を下りられたことです。つまり、法然上人を通して本願に出遇われたことです。

その体験とは、どのような体験なのでしょうか。親鸞聖人は「法」にどのようにして、目覚めていかれたのでしょう。それが、「三願転入」という仏教体験です。

『教行信証』「化身土巻」に、そのことが記されています。

ここをもって、愚禿釈《ぐとくしゃく》の鸞《らん》、論主《ろんじゅ》の解義《げぎ》を仰ぎ、宗師の勧化《かんけ》に依って、久しく万行・諸善の仮門《けもん》を出でて、永く双樹林下《そうじゅりんげ》の往生を離る、善本《ぜんぽん》・徳本《とくほん》の真門に回入《えにゅう》して、ひとえに難《なん》思《し》往生の心を発《おこ》しき。しかるにいま特《まこと》に方便の真門を出でて、選択《せんじゃく》の願海に転入せり、速やかに難思往生の心を離れて、難思議《なんしぎ》往生を遂《と》げんと欲《おも》う。果遂《かすい》の誓《ちか》い、良《まこと》に由《ゆえ》あるかな。

ここに久しく願海に入りて、深く仏恩《ぶっとん》を知れり。至徳を報謝せんがために、真宗の簡要《かんよう》を摭《ひろ》うて、恒常に不可思議の徳海を称念す。いよいよこれを喜愛し、特《こと》にこれを頂戴《ちょうだい》するなり。（聖典三五六～三五七頁）

このように、親鸞聖人は目覚めていった境地を三段階で示されています。

まず、第一段階は、第十九願「修諸功徳の願」という本願があらわすところの境地です。要門といいます。つまり、自分の理性と能力でもって、自分の価値を高めていくことができると思う立場です。それは、釈尊が厳しい六年間の修行の果てに、菩提樹の下で覚《さと》りを開かれた。そういう堅固な自力の信で、自力の行に励み、功徳を積んで覚りを得ようとする立場です。それは、釈尊の得られた境地と同じような世界を目指すものです。定善・散善という厳しい修行に励むのです。定善とは、慮《おもんぱか》り、つまり雑念妄念をやめて、心を凝らして煩悩を断ち切る立場です。それを釈尊の生涯に当てはめて双樹林下往生といいます。ところが、それは釈尊の時代であったからできたことであり、末法の時代では、それは不可能であるという見方があります。右肩上がりに頑張ろう頑張ろう、頑張って思い通りにして苦を除こうとする立場です。でも、強い人や賢い人はいいでしょうが、弱い人や凡夫には不可能ですね。絶望するのみです。親鸞聖人もそういうことで、自力行に挫折して比叡山を下りられたのです。自力無効を信知されたのです。ですから、「万行・諸善の仮門を出でて、永く双樹林下の往生を離」れられたのです。

次のステージは、「善本・徳本の真門に回入して、ひとえに難思往生の心を発《おこ》しき」です。万行・諸善のいずれの行もおよびがたき身だから、万行に対して念仏を称えようとするのです。それが「善本・徳本の真門」です。第二十願、植諸《じきしょ》徳本の願という本願であらわされる立場です。つまり、第十九願の、行も自力、信も自力の世界から、行は念仏によらねばならないと、念仏をとなえるのですが、それを自力の「頑張る」心で称えてしまうのです。念仏に徳がそなわっていると思えば思うほど、頑張って自力の心で称えてしまうのです。行は念仏なので、一応、真実ですが、信は不純です。信は自力のままです。そういうステージが第二十願です。その往生を、親鸞聖人は難思往生と名づけられたのです。

その難思往生から、「しかるにいま特《まこと》に方便の真門を出でて、選択の願海に転入せり」と難思議往生、いわゆる他力の行、他力の信による本願の世界に目覚められたのです。いわゆる、第三番目のステージである、第十八願、念仏往生の願の他力真実の世界です。弘願といいます。これが我執を離れた「自然《じねん》」の境地です。そして、「速やかに難思往生の心を離れて、難思議往生を遂げんと欲う」と、思議を超えた世界、つまり、はからいを離れた境地を願われていきます。

親鸞聖人自身の体験を通して、自身の信仰の歴程といいますか、回心の体験をこのようにあらわしているのです。

親鸞聖人自身は、当初、聖道門、定散二善の世界におられました。行も信も自力です。しかし、「いずれの行も及びがたき身」と自覚して、その世界を離れて、法然上人のもとへ行って念仏に出遇われたのです。ところが、今度は、その念仏を自力の心で称えていたのです。行は「真実」ですが、信は、まだ不純でした。念仏を利用して結果としてのご利益を求めようとしていたのです。ですから、求めたいものに心が奪われて、欲望の虜から抜け切れないのです。その不純な心が問われて、さらに純化していくのです。そして、我執が砕かれ、一切の捉われを離れた世界、つまり、如来の呼び声としての念仏（大行）、如来の摂取不捨の願心（大信）の世界に気づかれたのです。本願、つまり、大いなる願いに生かされていたのだと目覚められたのです。行も信も他力です。これを三願転入というのです。

しかし、親鸞聖人は、このようにして自然法爾の世界に帰していかれたのですが、前の第十九願や第二十願の立場が否定されるのかといいますと、けっしてそうではありません。むしろ、こういう体験があったからこそ、第十八願の世界が開かれたのだと見ておられます。ですから、第十九願、第二十願は、第十八願へ導く手立て、つまり方便としての意味と価値を持っていたのです。それゆえ、それが「方便化身土巻」で語られているのです。

◆果遂の誓い

　ここで、もう一度この文章を見てみましょう。親鸞聖人は、「久しく万行・諸善の仮門を出でて、永く双樹林下の往生を離」れられたのです。そして、「善本・徳本の真門に回入《えにゅう》して、ひとえに難思往生の心を発」されました。そして、「いま特《まこと》に方便の真門を出でて、選択の願海に転入」されたのです。「速やかに難思往生の心を離れて、難思議往生を遂げんと欲」われています。そして、果遂の誓い、つまり、第二十願はことさら意義深い願だなあ、とおっしゃっているのです。

　ところで、ここに「しかるにいま特に方便の真門を出でて、選択の願海に転入せり」といわれている「今」とはいつのことでしょう。また、「果遂の誓い、良《まこと》に由あるかな」といわれています。なぜ果遂の誓いが意義深いのでしょう。

　第二十願の立場とは、真実の法に照らされつつも、自らの抜きがたき定散心、つまり、功利と打算の執心から抜けきれない我々、もっといえば、念仏を利用して自身の欲望を満たそうとして、逆に欲望の虜になっている我々に、法のはたらきにより、その矛盾に気づかせて、その苦しみから救おうとする立場です。自力の信から他力の信という、信の批判と純化を意図するものです。

　常に功利と打算で念仏を利用しようとする心を持っている自らを慚愧し、常に、それに気づかせてくれる法を仰ぎ、そのはたらきとしての称名念仏に仏恩報謝し、歓喜するという意味があるのです。

自力の信から他力の信へという信心純化の作用として、臨終の一念まで限りなくその作用を繰り返し、深めるのです。なぜなら、我々の雑心は臨終の一念に至るまで、限りなく生じ、止まることを知らないからです。それゆえ、果遂の誓いが、良に由あるものとして仰がれてくるのです。「選択の願海に転入する」という一念の「今」は、たんに一過性的な過ぎ行く経験にとどまるものではなく、生ある限り、つまり、自身に傷歎せざるを得ないところの根源的矛盾を持つ限り、我が身の現在において不断に果たし遂げられるものです。

二　永遠の今

◆「今」とは、「いつも今」

親鸞聖人は、
しかるにいま特《まこと》に方便の真門を出《い》でて、選択《せんじゃく》の願海に転入せり、速やかに難思往生の心を離れて、難思議往生を遂《と》げんと欲《おも》う。（「化身土巻」聖典三五六頁）
といわれているのですが、それでは、「難思議往生を遂げんと欲う」といわれた、「しかるにいま特に」の「今」とは、いったいいつなのでしょうか。

『教行信証』「化身土巻」の文中に、

その壬申より我が元仁元年甲申《げんにんがんねんきのえさる》に至るまで、二千一百八十三歳なり。

（聖典三六〇頁）

と、「我が元仁元年」とあります。元仁元（一二二四）年というのは、親鸞聖人五十一歳の時で、関東の稲田（茨城県笠間市）におられたころです。『教行信証』は、親鸞聖人が関東におられたころに筆を起こされました。そして、『般舟讃』や『楽邦文類』など、京都へ帰ってから眼にされた資料が引用されていますから、完成は京都時代です。それでは「難思議往生を遂げんと欲う」といわれた「今」は、そのころでしょうか。

また、「後序」には、

建仁辛《けんにんかのと》の酉《とり》の暦《れき》、雑行《ぞうぎょう》を捨《す》てて本願に帰す。

（聖典三九九頁）

といわれています。「建仁辛の酉の暦」というのは、建仁元（一二〇一）年で、親鸞聖人が二十九歳の時、比叡山を下りて法然上人のところへ行かれ時です。では、「難思議往生を遂げんと欲う」の「今」は、そのころでしょうか。

そうだとすると、『恵信尼消息』の記述、つまり、「寛喜の内省」と矛盾します。寛喜三（一二三一）年にさぬきというところで人々が飢饉で苦しんでいました。親鸞聖人は、それを見て「衆生利益のため」と思って、三部経千部読誦を思い立たれます。ところが、途中で、人の執心《しゅうしん》、自力の心《しん》は、よくよく思慮《しりょ》あるべしと思《おも》いなして後《のち》は、経読《きょうよ》むことは止《とど》まりぬ。

（聖典六一九～六二〇頁）

と、三部経の読誦をやめておられるのです。寛喜三（一二三一）年というのは、親鸞聖人が五十九歳の時です。

また、『歎異抄』第九章では、唯円が、

「念仏もうしそうらえども、踊躍歓喜《ゆやくかんぎ》のこころおろそかにそうろうこと、またいそぎ浄土へまいりたきこころのそうらわぬは、いかにとそうろうべきことにてそうろうやらん」

（聖典六二九頁）

とたずねたとき、

親鸞もこの不審《ふしん》ありつるに、唯円房《ゆいえんぼう》おなじこころにてありけり。

（聖典六二九頁）

と答えられています。『無量寿経』には、

その名号《みょうごう》を聞きて、信心歓喜《しんじんかんぎ》せんこと乃至《ないし》一念《いちねん》せん。

（聖典四四頁）

と書かれているにもかかわらず、念仏申しても踊躍歓喜の心がわいてこないという唯円に、親鸞聖人は「私もいっしょだ」とおっしゃっているのです。信心が喜べない、踊躍歓喜の心がおこらないといわれているのです。「難思議往生を遂げんと欲う」の「今」を、建仁元（一二〇一）年の親鸞聖人が二十九歳の時とすると、この『歎異抄』の唯円との問答と矛盾します。

それでは、「難思議往生を遂げんと欲う」の「今」は、いつと考えたらいいのでしょうか。これは、たいへん大きな問題です。いつ親鸞聖人が第十八願の真実の世界に転入されたかということが問題になるのです。

それはいうなれば、親鸞聖人の回心はいつか、自力から他力に帰されたのはいつかということです。それを親鸞聖人は、

しかるにいま特《まこと》に方便の真門を出でて、選択《せんじゃく》の願海に転入せり、

（「化身土巻」聖典三五六頁）

と、「しかるにいま特に」と「今」という言葉で表現されているのです。

また、『歎異抄』十六章では、

一向専修《いっこうせんじゅ》のひとにおいては、回心《えしん》ということ、ただひとたびあるべし。

（聖典六三七頁）

といわれていますから、回心は一回しかないということでしょう。そうしますと、回心ということがどういうことなのか、もう一度考えてみなければなりません。今まで先学は、このようなことをいいあって、矛盾点をあげて論戦をしてきました。

ところで、これを考えるときに注意しなければならないのは、信心を得たということが、時間的なことであらわせるかどうかということです。私は、何月何日何分に回心しましたと、いえるかどうかということです。私は、むしろ、物理的時間でいおうとするところに問題がある

と思います。

親鸞聖人は、それこそ九十歳で亡くなる間際まで、

是非しらず邪正《じゃしょう》もわかぬ　このみなり
小慈小悲もなけれども　名利《みょうり》に人師《にんし》をこのむなり
（『正像末和讃』聖典五一一頁）

といわれます。あるいは、『一念多念文意』には、

無明《むみょう》煩悩《ぼんのう》われらがみにみちみちて、欲《よく》もおおく、いかり、はらだち、そねみ、ねたむこころおおく、ひまなくして臨終《りんじゅう》の一念にいたるまでとどまらず、きえず、たえずと、
（聖典五四五頁）

といわれるように、亡くなる寸前まで、汚い自己というものを徹底的に問いなおすような姿勢があります。もし、親鸞聖人がある一点で第十八願に転入されたとするならば、その時点で完璧になっているはずですね。しかし、親鸞聖人にしてみれば、そんなことはない。常に自己の矛盾、汚い自分を問い直しておられるのです。いつも信心を得るという立場です。そういったものを、時間的立場で割り切って解釈していこうとするのが、間違っているのです。

ですから、「難思議往生を遂げんと欲う」の「今」というのは、物理的時間をさしている「今」ではありません。これは、「いつも今」です。「いつも今」などといいますと、そんなものがあるのかといわれますが、常にその時その時が、その瞬間その瞬間が、汚い自分が救われ

ていく緊張関係にあるのです。たしかに第十九願のステージから第二十願のステージへの回入、つまり諸行から念仏への出遇い、聖道門から浄土門への出遇いは、物理的な出遇いがあると思います。諸行をとるか念仏をとるか。念仏を知るという出遇いは、物理的な出遇いがあると思います。

ところが、ひとたび念仏に出遇ったら、そこから常に自分の純、不純が問われてきます。ですから、第二十願から第十八願という世界は、常に自分の心の中で自身が問われていく瞬間です。信心が純か不純か、不純なら第二十願です。定散心、罪福信です。信心が純なら、第十八願で、他力の信です。ところが、我々は純と不純を行ったり来たりしているのです。不純な自己、汚い自己に気づいて、第十八願の世界に帰らしめられるのです。常にその時、その時に、純か不純かという自己が問われている。そういう緊張関係の中に、我々は生きているわけです。仮に、何月何日何分に第十八願に転入しましたといったとすると、そのとたんに、我々はうぬぼれの世界へ行ってしまうのです。「俺は信心を得たぞ」「俺は信心を得て浄土往生が約束されているのだ」といってしまうのです。そのとき、邪見、憍慢の世界に転落するのです。

ですから、親鸞聖人においては、「建仁辛の酉の暦」にも、真実に出遇われているし、あるいは、『教行信証』を書いておられる時も、真実に出遇っておられるのです。聖道門の諸行を捨てて、念仏に出遇われてから後は、自己の信心が純か不純か、第二十願の自力の信か、第十八願の他力の信かが問われてくるのです。常に自己の信心の純不純が問い直されて、第十八願の喜びの世界に帰っていくのです。ところが、第十八願の喜びの世界へ帰っていっても、また自分の心の中には、不純な思いが湧きおこってくる。それが、また念仏によって気づかされて、純粋な世界に立ち戻るのです。第二十願と第十八願を行ったり来たりしながら、そして深まっていくのです。そういう立場であろうと思います。

ですから、存覚上人が『六要鈔』で、「不行而行」（真聖全二、二八二頁）といわれるごとく、信心の相続も慙愧、慶喜、すなわち間断、相続あいまってなされるものです。ですから、第二十願から第十八願へいっても、不純な状態、つまり間があく、あるいは信心を得たといっても、そこにずっといるのではなく、ついついおぞましい自分の自力の信が湧きおこってくるのです。その自分がまた、念仏を聞くことによって摂取されて、立ち戻るのです。ですから、第二十願と第十八願がはっきりと分かれるものではなくて、常に我々は行ったり来たりしているのです。親鸞聖人の記述を見ると、いつも第二十願にいる自分が問い直されて、八十歳を過ぎても、名利に人師を好む汚い自分であると知らされて、本願によって第十八願に帰られているのです。その喜びもつかの間で、また不純な自身が知らされて、喜びの世界へ帰らしめられるのです。そういう世界ですから、常にその時その時、私が問題になるので、そういう意味において、「然るに今、特に」の「今」は、「永遠の今」です。自分が問われる時がいつも今です。その時、

自分は救われているのです。常に今です。それが、

報土の真因決定《けつじょう》する時剋《じこく》の極促《ごくそく》を光闡《こうせん》せるなり。（「行巻」聖典一七八頁）

「一念」は、これ信楽《しんぎょう》開発《かいほつ》の時剋《じこく》の極促《ごくそく》を顕《あらわ》し、（「信巻」聖典二三九頁）

というように、『教行信証』でいわれる「時剋の極促」です。仮に、物理的時間で「何月何日何分に第十八願に転入しました」といったとしても、そこから、再び私たちは、邪見憍慢、つまり、おごりと懈怠の世界へ転落していってしまうのです。我々の思いというのは、如来の大悲心によって弘願他力の世界に帰したといっても、やはり、常に生じる執拗な自力の執心によって、仏智を疑う不純な心が湧いてきます。ところがそれを常に新たな思いで、また念仏によって不真実さが問われてくるのです。慙愧の世界から真実の世界に転入し、それがまたいつとはなしに、おごりうぬぼれる世界に転落している自己が真実の世界に帰らしめられるのです。常に慙愧と歓喜、交々に自身のはからいを離れた世界に深まっていくのです。それが第二十願のはたらきです。それゆえに、第二十願に対して親鸞聖人は、「果遂《かすい》の誓《ちか》い、良《まこと》に由《ゆえ》あるかな」（「化身土巻」聖典三五六頁）といわれたのでしょう。

自力から他力への回心はひとたびですが、念仏に出遇ってから、信の純不純が問われてくるのです。

◆今遇うことを得たり

そのような間断相続あいまって常に自己が問われ続けている存在というのは、常に第十八願の世界に転入していく存在であり、それは「永遠に今」としてなされ続けられるのです。我々は、永遠に自己が問われていると同時に、永遠に救われ続けているのです。親鸞聖人が、あえて「今」といわれたのは、そのような意味です。ですから、常に転入の喜びを感得するのです。

たとえば、その「今」は、次のような「今」です。『教行信証』の「総序」の文に、

慶《よろこ》ばしいかな、西蕃《せいばん》・月支《がっし》の聖典《しょうでん》、東夏《とうか》・日域《じちいき》の師釈、遇《あ》いがたくして今遇うことを得たり。（聖典一五〇頁）

とあります。これはなにも、物理的時間をいっているのではありません。これを物理的時間で解釈しますと意味が通じません。なぜなら、「西蕃・月支の聖典、東夏・日域の師釈」、つまり、西域やインド、中国、日本の聖典や釈文に、親鸞聖人はもっと以前から出遇っておられるわけです。比叡山時代にも目にされているでしょう。それを『教行信証』を書いている、物理的時間の「今」という時点としたらおかしいですね。

そういうことではなくて、「西蕃・月支の聖典、東夏・日域の師釈」に遇いがたくして、今、遇うことができたのです。今、その世界が自身に響いてきたのです。その「今」は、昨日も「今」です。今日も「今」、あすも「今」です。自身にその言葉が響いたときは、いつも「今」

です。

これは、「三帰依文」にいわれる「今」もいっしょです。

人身《にんじん》受け難し、今すでに受く。仏法聞き難し、今すでに聞く。

（聖典、表紙裏）

常に「今」です。常に、受け難くして受けているのです。常に聞き難くして聞いているのです。常に遇い難くして遇っているのです。いつも遇うということは、いつも「珍しく」思い、いつも自己に響いてくるのです。自身の課題が常に変わっていますから、聞きなれた言葉であってもいつも初ごとです。やはり、永遠に「今」です。

ですから、三願転入の、

しかるにいま特に方便の真門《まこと》を出でて、選択《せんじゃく》の願海に転入せり、

（「化身土巻」聖典三五六頁）

の「今」は、永遠の今、いうなれば、宗教的現在の「今」です。そういう立場で解釈してこそ、教えが教えとして、私たちに生きてくるわけです。ある物理的時間の一点を指して、救われたといってしまっては、それはすでに教えでもなんでもありません。たんなる体験記であり、自慢話です。

そうではなくて、いつも今と捉えることにおいて、常に自己が問われていくのです。我々は、死ぬまでその瞬間瞬間が「今」であって、不純な信心が問われ続けていくというところに、親

鸞聖人の教えの教えたるところがあるのです。

『浄土和讃』に、

定散《じょうさん》自力《じりき》の称名は　果遂《かすい》のちかいに帰《き》してこそ
おしえざれども自然《じねん》に　真如《しんにょ》の門に転入《てんにゅう》する

（聖典四八四頁）

とあります。それは「おしえざれども自然に」なのです。この和讃は、善導大師の『般舟讃』の、

一声《いっしょう》称念するに、罪みな除こると。微塵《みじん》の故業《こごう》と随智《ずいち》と滅《めっ》す。覚《おし》えざるに、真如《しんにょ》の門に転入す。

（「行巻」聖典一七七頁）

という文によって作られています。したがって、第十八願の真如の門への転入は、「不覚の覚」といわれています。その時剋が定まるものではありません。しかし、逆にそのことは、常にさとり、臨終の一念に至るまで、常にそれが深められていくことをあらわしているのです。したがって、信心とは現在において深められていくものです。

自力に迷う凡夫の自覚、慚愧の姿こそ、如来のまなこからすれば、もう救われているのでしょう。教えざれども自然に真如の門に転入しているのでしょう。

◆信心の現在性

ところで、親鸞聖人の信心を得るということ、さらには救いの構造なるものについて、それを具体的に示したものに、二種深信という立場があります。それは、親鸞聖人自身が、深く善導大師を仰いで、領解された立場です。

一つは、「機の深信」と呼ばれるものです。

「自身は現にこれ罪悪生《ざいあくしょうじ》死の凡夫、曠劫《こうごう》より已来《このかた》、常に没《もっ》し常に流転《るてん》して、出離《しゅつり》の縁《えん》あることなし」と信ず。（「信巻」聖典二一五頁）

つまり、自身が罪悪生死の凡夫であること、つまり「闇」の自覚です。ここでも、「現に」といわれています。この「現」は、昨日も「現に」、今日も「現に」、明日も「現に」です。自身が罪悪生死の凡夫と自覚されるときは、いつも「現に」です。時間の一点をさす「現に」ではありません。

二つ目の、「法の深信」と呼ばれるものも同じです。本願を信受してそのはたらきを確信する立場、つまり、「光」の自覚です。そして、この両者は光があるから闇が照らされ、闇が自覚できるから光が仰げるものであり、一体のものだということです。その「法の深信」の文も、善導大師の『往生礼讃』の文によりますと、

今、弥陀の本弘誓願は、名号を称すること下至十声一声等に及ぶまで、定んで往生を得し

むと信知して、乃し一念に至るまで疑心あること無し、故に深心と名づく。

（真聖全一、六四九頁）

と、「今」といわれているのです。ここでも、明確に法の深信の現在性を語っているのです。つまり、過去でもなく、未来でもなく、「今」弥陀の願力に乗托して、往生が定まることを信知せよというものです。この「今」とは、時空の一点としての未来から来る今でもなく、過去へ過ぎゆく今でもありません。「常なる今」であり、常に彼の願力に乗托せんとする時空をこえた今です。

私たちは、自身の思いに捉われて、功利と打算で祈ろうとする心は抜きがたく、つねに苦しみの世界に落ちる存在です。したがって、今、現に救われなければなりません。信心獲得は過去になされて、慢心を呼ぶものでもなく、未来になされて、無明長夜に智眼暗しと歎くものでもありません。臨終の一念に至るまで、常に自力に固執する以上、臨終の一念にいたるまで常に現在です。

したがって、信心は、常に新たな思いで深められていくものです。そのようにして、はからいを離れて至りついた境地、それが親鸞聖人においては、自然法爾という世界です。

三　自然法爾

◆自然法爾

晩年の親鸞聖人の行き着かれた境地は、「自然法爾」と呼ばれる境地でした。親鸞聖人が八十六歳のときに書かれた『末燈鈔』の第五通に、そのことが書かれています。それは、「自然法爾章」（「文明板三帖和讃」）としても親しまれています。

自然《じねん》というは、自《じ》はおのずからという。行者のはからいにあらず、しからしむるということばなり。然《ねん》というはしからしむということば、行者のはからいにあらず、如来のちかいにてあるがゆえに。法爾《ほうに》というは、この如来のおんちかいなるがゆえに、しからしむるを法爾という。法爾はこのおんちかいなりけるゆえに、すべて行者のはからいのなきをもって、この法のとくのゆえにしからしむというなり。すべて、人《ひと》のはじめてはからわざるなり。このゆえに、他力には義《ぎ》なきを義《ぎ》とすとしるべしとなり。（聖典六〇二頁）

つまり、自然とは、はからいを離れ、法のしからしむるところで、「義なきを義とす」といわれています。ここに義という言葉が二つ出てきますが、はからい（義）なきを本義とすということです。

続いて、

自然《じねん》というは、もとよりしからしむということばなり。弥陀仏の御《おん》ちかいの、もとより行者のはからいにあらずして、南無阿弥陀仏とたのませたまいて、むかえんとはからわせたまいたるによりて、行者のよからんともあしからんともおもわぬを、自然《じねん》とはもうすぞとききて候う。（中略）みだ仏は、自然《じねん》のようをしらせんりょうなり。（聖典六〇二頁）

と記されています。つまり、「行者のよからんともあしからんともおもわぬ」を自然というのです。まさしく、善悪つまり、両極の捉われを離れた立場です。すべてを相対化した世界です。そして、それを知らせるのが阿弥陀仏だといわれるのです。

◆有無を離れる

『歎異抄』には、

善悪のふたつ総じてもって存知《ぞんじ》せざるなり。（聖典六四〇頁）

といわれています。その捉われを離れることを、『浄土和讃』では、

解脱《げだつ》の光輪《こうりん》きわもなし　光触《こうそく》かぶるものはみな
有無《うむ》をはなるとのべたまう　平等覚《かく》に帰命《きみょう》せよ（聖典四七九頁）

と、有無の捉われを離れた世界と示されます。このことは、『正信偈』でも、

ことごとく、よく有無《うむ》の見を摧破《ざいは》せん。（悉能摧破有無見）

（聖典二〇五頁）

とうたわれています。

私たちは、ものごとを相対的に見て、善し悪しの物差しではかっています。そして、良ければ良くて増上慢、悪ければ悪くて卑下慢、つまり優越感と劣等感にさいなまれて、自分色に輝けないのです。まさしく、今日の私たちの世界です。有無の邪見に苦しめられているのです。

前にもいいましたように、科学はすべてを実在する物として見ます。そして、それを分析し数値化して、右肩上がりに引き伸ばしていけば幸福になると考えます。その数値化に捉われて、自分を見失っているのが現代です。その苦しみを作っているのは、自分自身です。そんな私たちに、親鸞聖人は、『歎異抄』「後序」に、

火宅《か たく》無常《むじょう》の世界は、よろずのこと、みなもって、そらごとたわごと、まことあることなきに、ただ念仏のみぞまことにておわします

（聖典六四〇～六四一頁）

と説かれています。我々の思いは、すべて相対的です。しかし、相対の中にあっては、それが相対とはわかりません。それが絶対と思っています。何かに照らしてはじめて、それが相対であったと知らされるのです。その照らしてくれるもの、相対であったと気づかしてくれるものが真理（真如）であり、真如からやってくる如来のはたらき、つまりその呼び声が念仏なのです。

真如とは、ありのままの事実です。事実によって物差しに捉われている自分の姿が見えてくるのです。物差しを相対化したとき、安らげるのです。

私は、若いのがよくて、老いは嫌だと思っています。ところが鏡を見ると、私は白髪ができ、皺ができているのです。若いのがよくて、老いは嫌だという価値観を持っているので苦しまなくてはならないのです。それが老苦です。

しかし、鏡に映っている事実を見れば、すべては移り変わるのだから、老いて当り前だったと気づけるのです。老いが引き受けられるのです。事実（法）にめざめることによって、老いの苦しみがなくなるのです。法によって若いのがよくて、老いは嫌だという価値観が砕かれて、私は私でいいのだと自己を実現できるのです。個性化です。病もいっしょです。健康が当り前と思っている私が、病気になって入院するとしましょう。そうすると、なぜ私ばかりがこんな病気にならねばならないのかとねたみます。これが病苦です。しかし、病んでいる身の事実を見たとき、生身の体なのだから、病むときもあれば、健康なときもある。すべては移り変わるという法によって、私の妄想が破れると、病が引き受けられるのです。死苦も同じです。生はプラス、死はマイナスという価値観にたっていると、死は敗北であり、苦になります。無常なのですから、生もあれば死もあるのです。プラス、マイナスは私の捉われです。法によって、その捉われを離れたら、清沢満之先生が、生のみが我等にあらず、死も亦我等なり。

（『清沢満之全集』第六巻、一一一頁）

といわれるように、長い命が良くて、短い命が駄目なのではないのです。事実を見たら、その物差しが破られ、長くてもよし、短くてもよし、いただいた命をいただいたままにと受け容れられてくるのです。そういう救いです。そういう境地を、親鸞聖人は「自然」といわれたのです。

余談ですが、自然だから自然体で何をしてもいいというのではありません。それは「わがまま」であり、我執です。「自然」とは「あるがまま」です。あるがままとは、無我の世界です。我執が砕かれているのです。一切の捉われを離れ、自分は自分と、自分らしさをとりもどした世界です。「個性化」であり、自己実現の世界なのです。

仏教の救いとは、奇跡を呼んで不思議な力で、苦を除くことではありません。こちらがひっくり返って、苦を苦と感じないようになっていく救いです。つまり、苦を作り出しているものが、自分の中にあることに気づき、法によって自分の価値観が転じられていくことによって、苦を離れていく救いなのです。救いを得るということは、まさしく仏教体験です。仏教体験によって苦を超えていくのです。親鸞聖人は、三願転入という仏教体験によって、このような境地に目覚めていかれたのです。

収載論文、初出一覧

一、慚愧によって、如来の心と一つになる
原題、光の中の「悪人」―阿闍世の救い・月愛三昧―
初出、『在家仏教』第六一巻第七二〇号（二〇一二年五月一日）

二、はからいを離れて、あるがままを良しとする生き方
―ブータンの幸福論の本質を考える―
原題、有無を離れる―ブータンの幸福論―
初出、『信道』（名古屋別院）二〇一二年号（二〇一三年一〇月三一日）

三、摂取の光に包まれて、死の不安を超える
―ビハーラ運動の目指すもの―
原題、来迎から摂取へ―ビハーラの核心―
初出、『ともしび』（高倉会館）第六八五号（二〇〇九年一一月一日）

四、聖道の慈悲と浄土の慈悲の新しい見方
―『歎異抄』第四章の「かわりめ」を再考して―
原題、慈悲のかわりめ―『歎異抄』第四条再考―
初出、『在家仏教』第六三巻第七五〇号（二〇一四年一一月一日）

五、親鸞聖人の仏教体験

原題、三願転入の現在性

初出、『日本印度学仏教学研究』第二九巻第二八号（一九八一年三月一日）

あとがき

「仏は存在するのか、しないのか」、仏の存在をどう説明するのか。私は、幼いころ日曜学校で「みほとけは　まなこを閉じて　みな呼べば　さやかにいます　わがまえに」という仏教讃歌を習った。子ども心に、目を閉じたら何も見えないではないかと思ったものだった。

しかし、今は違う。仏の存在に納得できる。仏とは、

法身は、いろもなし、かたちもましまさず、しかれば、こころもおよばれず。ことばもたえたり。

（『唯信鈔文意』聖典五五四頁）

といわれるように、色もなく、形もなく、言葉でもいいあらわせない。しかし、色や形がなくても、「ある」とか「ない」といっているものがある。たとえば、風である。風は色も形もないが、戸がゴトゴト鳴るとか、木の枝がそよそよと揺れるというはたらきがある。それによって、風の存在を知ることができる。仏（法）も同じである。そのはたらきによって、法を知ることができる。風は、そのはたらきを感じるという経験をして、知ることができる。法も、そのはたらきを体験して知ることができるのである。仏のはたらきとは何かというと、如来の智慧と慈悲である。如からやって来るのである。だから「如来」というのである。そのはたらき

を感じることのできる人は、仏の存在に頷けるし、感じることのできない人は、「仏なんて居るものか」というのである。

「私は立派だ」「私は知っている」「私は聞く必要がない」と思っている人には、聞こえてこない。それを「仏智疑惑」という。聞く心根をもっている人には、聞こえてくるのである。聞く人には、仏の智慧と慈悲のはたらきが感じられるのである。聞いたり、感じたりするのは体験である。その意味で仏教は体験である。

仏教を学んでも仏教はわからない。それは、たんなる仏教についての物知り博士になるだけである。蓮如上人のいわれるように、「聖教よみの聖教よまず」（『蓮如上人御一代記聞書』聖典八七二頁）である。

日本の仏教研究は、科学的方法論による文献研究が中心である。そこでは、信仰も救いも対象化されて、もはや「仏教」ではなくなっている。しょせん、学問対象である。「聞不具足《もんふぐそく》」（『涅槃経』「信巻」聖典二四〇頁）である。

本来、仏教は悩む人のためにある。教団や大学の研究室のためにあるのではない。悩む人が救われるためにあるのである。教団が先にあるのではない。悩む人が、サンガである信仰共同体つまり教団を作るのである。

仏教は、実践するものである。かつては、それを教化学といい、実践仏教といっていた。二〇〇二年、同朋大学に大学院を設置するにあたり、私は、その開設事務を一手に引き受けていた。そして、文献学主体の仏教研究に反発して、「悩む人のための新たな仏教を」というキャチコピーで、実践仏教を研究の中心にすえた大学院を企画立案した。設置趣旨にそのことを書いて、文部科学省の大学設置室の係官と渡りあった。その時全国の大学に先駆けて、「実践仏教」の講座が認められた。そして、翌年開学時に、当時文化庁長官でユング心理学者の河合隼雄氏と、仏教学者でユング派分析家の目幸黙僊カリフォルニア州立大学教授を招いてシンポジウムを開いた。その時の講演録は、二〇〇五年に『動く仏教　実践する仏教―仏教とユング心理学―』として法蔵館から刊行している。河合先生と目幸先生のお二人は、このタイトルにたいへん共感され、話が弾んだ。

このとき、私は目幸黙僊氏から「仏教体験」という言葉を学んだ。仏教とユング心理学が近いことはよく知られている。仏教においては、法に目覚めるとは経験の世界である。体験だから観察して叙述できる。ユングの分析も同じだと。目幸黙僊氏には、二十七年間、客員教授として同朋大学に出講してもらった。ときおり、私も学生に混じって講義を聞いた。目幸黙僊氏は、「仏陀もユングも主体的な『自己究明』の信念に生きていた人ではないかと思う」といわれ、そしてユングは、

「事実を事実として客観的に観察、叙述する。これが心的現象論ということです。どこまでも

体験という事実が中心で客観的な理論や概念ではないということ、さらに体験の事実に基づいて概念や理論が作られていくということです。どこまでも事実としての体験が中心です」といっていると話された。

仏陀は、仏教を説いてはいない。法（事実）とその目覚め方、つまり道を説いている。親鸞聖人とて同じである。親鸞聖人も一人の学徒であり、仏陀をはじめ七高僧など先立つ人に目覚め方を学び、追体験されているのである。そして、法に目覚めて救われていったのである。『教行信証』には、親鸞聖人の仏教体験が書かれている。救いとは、仏教体験である。決して、対象化してあれこれ論じるものではない。論じても救われない。法に目覚めて、はじめて救われるのである。悩む人に、「仏教体験」をお勧めしたい。

なお、目幸黙僊氏は、本年四月七日午後二時五〇分（現地時間）、米国ロサンゼルスで八十八歳の生涯を閉じられた。目幸先生は、生涯「私は今も、真宗大谷派の開教師です」と誇りを持っていわれていた。実践仏教の人だった。謹んで、目幸黙僊先生に哀悼のまことを捧げたい。

二〇一六年六月

著　者

田代俊孝（たしろ　しゅんこう）

1952年滋賀県に生まれる。1980年大谷大学大学院博士後期課程満期退学。同朋大学助教授、カリフォルニア州立大学客員研究員を経て、現在、同朋大学大学院教授、同文学研究科長、名古屋大学医学部倫理審査委員・同非常勤講師。博士（文学）。ビハーラ医療団代表。
主な著書、『広い世界を求めて』（毎日新聞社）、『増補新版　親鸞の生と死―デス・エデュケーションの立場から―』『悲しみからの仏教入門』正・続、『御文に学ぶ―真宗入門―』『講座いのちの教育』全三巻、『仏教とビハーラ運動―死生学入門―』『ビハーラ往生のすすめ』『唯信鈔文意講義』（以上、法藏館）、『ひと・ほとけ・いのち―非科学のいのち論―』（自照社出版）など多数。

親鸞思想の再発見
――現代人の仏教体験のために――

二〇一六年九月二〇日　初版第一刷発行

著　者　田代俊孝
発行者　西村明高
発行所　株式会社　法藏館
京都市下京区正面通烏丸東入
郵便番号　六〇〇-八一五三
電話　〇七五-三四三-〇〇三〇（編集）
〇七五-三四三-五六五六（営業）

装幀者　井上二三夫
印刷　立生株式会社　製本　清水製本所

ISBN 978-4-8318-8756-6 C0015